本书为辽宁省教育厅基本科研项目"重塑地域文化的可持续城市服务设施设计"阶段性成果（项目编号：LJKQR2021034）

公共服务产品设计创新与实践

赵妍 著

前言 / PREFACE

城市公共服务产品设计以城市为载体，伴随着城市基础设施的发展逐渐走向成熟，与城市各个层级的群体关联紧密。城市公共服务产品在发挥使用功能的同时，传递出的形象会构筑人们对所在城市的基本印象和认识。本书所研究的城市公共服务产品主要分为实体设施和虚拟服务网络两个方面，它们共同搭建了人们生活、办公等行为活动的实现场域和配套设施。笔者根据多年的城市公共服务产品设计实践，立足于结合城市在地文化属性与基础设施的功能属性，从产品设计、生产制造，以及城市形象与运营管理等系统进行研究；面向未来城市建设的理念输出，以系统性、可持续性、参与性等特点重新界定城市公共服务产品设计的创新机遇，即以认知科学建构一种城市生活中的"人、事、场、物"能够达成共识的服务系统。

随着经济持续健康发展和城市现代化进程的加快，公共服务产品已经越来越多地介入城市公共环境，服务于人们的生活、工作。可以这么说，公共服务产品与城市发展密不可分，在离开公共服务产品的城市，人们将很难生活和工作下去，城市将丧失使用功能。本书根据对中国多个一线、二线及三线城市公共服务产品的实地调研和桌面调研，分析城市公共服务产品设计的功能要素、文化要素，以及特征层、功能层、创新层和服务层的内在机理，提出城市公共服务产品系统设计的4个设计阶段，为从事相关设计工作的实践人员与研究人员提供参考。

第一阶段：功能完备的城市公共服务产品系统。在最初级的城市公共服务体系建设阶段，研究人员需要根据居民的需求、城市发展的目标，对现有城市公共服务体系中的设施种类进行排查，走访总结城市服务功能不够完备的情况，补充和完善当地的公共服务产品。其中，研究人员可以联合居民、政府、企业等组成利益相关者团队，在改善与提高现有公共服务水平方面，可以尽可能地在原有城市公共服务产品的基础上进行改良和调整，以节约资源、降低消耗为目标，例如，在户外草坪灯具上增设太阳能集能装置，不仅可以节约能源，而且延长了灯具的使用寿命；但是对城市短缺的必需设施，需要加大力度研发并投放使用，例如，越来越多的城市顺应共享经济的趋势，增设如共享充电桩、共享车位等便民设施。

第二阶段：促进城市实现可持续发展。在完成第一阶段的任务后，研究人员将对城市公共服务产品系统提出更高的要求，即打造环境友好型城市，以满足城市可持续发展为目标。一方面城市的各项公共服务产品都应满足资源可持续利用的要求，另一方面政府要鼓励居民关注和参与建设可持续城市。为了具体落实建设可持续城市的目标，以下提出可持续设计的几种方法——资源循环利用法、虚拟产品替代实体设计法、组合式延长产品生命周期法等；此外，选用的新型城市公共服务产品以对环境产生最低影响、可使用寿命延长、易于维护和方便回收等为前提。

第三阶段：打造美丽城市。在这一阶段，研究人员需要提升居民和游客对城市的印象，根据KANO分析法，提升城市的期待品质和魅力品质是其中的关键。因此，情感化设计与用户心智模式等理念将融入城市公共服务产品的设计实践，为城市创造新的地标和打卡地，拉近居民、游客、设施、环境之间的距离，让更多生活在城市中的人从热爱城市转向共同建设城市。此外，优化城市公共服务产品，将为居民和游客提供更好的使用、交流空间，促使他们主动参与保护城市的活动，发挥文明维护的重要作用。

第四阶段：重塑具有地域文化的魅力城市。有了以上3个阶段奠定基础，研究人员接下来的设计目标是帮助目标城市重塑文化形象，找到自身发展特色和魅力因素。习近平总书记于2014年2月25日在北京市考察工作时强调："历史文化是城市的灵魂，要像爱惜自己的生命一样保护好城市历史文化遗产。"因此，中国的城镇形象升级规划要关注城市原有的历史记忆、文化脉络、地域风貌、民族特点等，将自身特征与城市更新目标融合，进而形成符合实际且各具特色的中国式城镇发展模式。如沈阳市关注如何通过城市公共服务产品来保留中华优秀传统文化特征并使其更为突出，这意味着沈阳市的城市特征将被重塑。从现代科技、历史文化、风景名胜、文博珍藏、民间曲艺、民间手工艺、社会公益、特色产业、地域饮食文化等角度出发，可以更好地将人文、情感叙事元素与城市公共服务产品体系结合，让目标城市在众多城镇中脱颖而出。

城市公共服务产品设计不仅仅解决了功能与技术上的实现问题，更系统地调和城市、居民、生态和社会等关系的关键媒介。社会的发展、技术的进步促进了人们对新的生活方式的追求，我们在学习设计时，要针对课题的每一个环节进行充分的调研分析，投入更多的精力研究用户的需求动机，使设计者和用户在生理或心理上都能达成更多的默契，从而达到城市公共服务产品创新设计的目的。城市公共服务产品创新设计是个复杂的过程，涉及方方面面，诸如模块化设计，新材料、新技术、可再生能源的运用都是影响城市公共服务产品创新设计的重要因素。此外，人的心理、行为与城市公共服务产品创新设计的关系也是密不可分的。本书将通过对实体和虚拟城市公共服务产品设计案例进行分析，总结此类产品的设计创新方法和实践流程；最后，回溯城市公共服务产品设计的本质和初始目标，即为人提供更高品质的服务，秉承"以人为本"的设计理念，注重设计与社会伦理、价值观念的对接，将设计成果的考量标准与社会服务成效关联；在此基础上，用城市公共服务产品设计塑造城市形象，连接城市未来可持续生态系统建设的体系化设计触点。

城市公共服务产品设计是一个创新的过程，本书围绕有形与无形的城市公共服务产品设计，通过笔者多年的切身的城市公共服务产品设计教学与实践体会来分享设计心得，力图全方位、立体化、多角度地阐释如何进行城市公共服务产品的创新设计。本书的文献整理与文字编写工作由笔者带领封力文、秦浩翔共同完成，书中有形与无形的城市公共服务产品设计案例均为笔者设计团队多年的实践成果。最后，笔者对全书的图文进行编排、审查细节。书中的内容会根据读者的反馈继续优化和迭代，笔者也将继续整理新的理论与实践内容，希望此书既能为城市公共服务产品设计教学提供参考，又能为城市管理者和设计践行者提供借鉴。

赵妍

2024年8月

目录 / CONTENTS

第1部分 公共服务的功能更新 /001

第1章 公共服务产品设计的价值体系 /002
1.1 由物至人的核心辐射 /002
1.2 用户期待与实际体验对等 /004
1.3 从服务蓝图到服务生态图 /006
1.4 与管理者、受众的信任体系 /008
1.5 促进资源转换与社会进步 /009

第2章 具有潜力的公共服务产品 /014
2.1 促进资源可持续使用 /016
2.2 引导用户积极行为 /019
2.3 促进人机正向互动 /021
2.4 融合共享理念 /023
2.5 从实体到"隐形" /025

第2部分 有形与无形的功能融合 /029

第3章 有形的城市公共服务产品设计案例 /030
3.1 废弃共享单车主题智慧公园 /030
3.2 多功能的社区设施 /035
3.3 海滩垃圾自动拾取系统 /038
3.4 社区智能除雪车 /042
3.5 无人驾驶的电力抢修车 /045
3.6 "HUB"共享单车停靠空间 /048
3.7 儿童公共体检设施 /051
3.8 互动音乐创作装置 /055
3.9 "HOPE"多功能支教车 /058
3.10 水灾后房屋清洁设备 /061
3.11 河流安全预警设施 /066
3.12 幽门螺杆菌检测设施 /070
3.13 失业者的临时办公空间 /074
3.14 海藻材料的培育中心 /078
3.15 家庭装修工具共享系统 /081
3.16 鱼鳞材料沿海公共设施 /083
3.17 资源可持续公共水池 /086
3.18 轮椅者沙滩步道 /089
3.19 高速公路快速救援智能系统 /091
3.20 城市文化传承娱乐设施 /095

第4章 无形的城市公共服务产品设计案例 /100
4.1 边缘人士重返社会服务系统 /100
4.2 碳排放可视化系统 /103
4.3 临终服务系统 /106
4.4 社区植物护理系统 /110
4.5 儿童乡村文旅服务系统 /115

第 3 部分 城市设计赋能策略 /121

第 5 章 公共服务产品设计工具 /122
5.1 利益相关者地图 /122
5.2 情境观察 /124
5.3 访谈与问卷调查 /126
5.4 用户体验地图 /128
5.5 文化探析（人类学与在地研究）/130
5.6 服务蓝图 /132

第 6 章 公共服务产品创新方法 /134
6.1 HEART 体验模型 /134
6.2 依附与功能拓展 /136
6.3 峰终定律与 MOT /138
6.4 4 种未来模型 /141
6.5 参与式设计 /144
6.6 精益商业画布 /146

第 7 章 公共服务产品设计流程 /148
7.1 收集洞察与发现 /148
7.2 策划实地调研 /150
7.3 发散筛选课题 /152
7.4 解读课题价值 /154
7.5 定义设计目标与规划 /155
7.6 细化用户画像 /156
7.7 重塑设计情境 /158
7.8 梳理服务体系 /159
7.9 评估设计创意 /160
7.10 输出设计原型 /162
7.11 阶段性测试与反思 /164
7.12 展示方案效果 /166
7.13 交付样机与预想图 /168
7.14 用户参与使用与反馈 /170
7.15 项目的评估与综述 /172

第 4 部分 打通城市生态系统 /177

第 8 章 公共服务产品的未来趋势 /178
8.1 生态材料设计 /178
8.2 城市 IP 设计战略 /179
8.3 社会共创策略 /181
8.4 城市设计伦理 /182
8.5 社会组织管理 /184

参考文献 /186

结语 /191

第 1 部分 公共服务的功能更新

与其说城市公共服务产品设计的目的是解决问题，不如说是为人们的生活、梦想、兴趣、习惯和目标作出贡献，这样的视角会让其变得更高产且更具挑战性。城市公共服务产品设计可以通过情境驱动、自然交互等方式建立城市与人沟通的媒介，进而预见城市功能的更新与人的生活方式、生产模式的逻辑关联。而我们只有找到城市功能更新迭代的本质，才能拓展出更有效的更新载体。书中的目标载体为城市公共服务产品设计，所涉及的要素包括生活者的期望、有限的资源、城市规章制度、产品生产工艺限制、产品的目标定位等。

第1章 公共服务产品设计的价值体系

何为好的公共服务？世界不同种族，生活在不同区域、文化氛围中的居民将给出发自肺腑的答案。然而，这些答案不一定具有统一性，这给本书进行服务定义和公共服务产品设计留有丰富的空间。那么，我们首先需要明确一点，什么是公共服务？综合百度百科、MBA智库百科的搜索，我们将其定义归纳：公共服务，是政府改革的核心理念，包括加强城乡公共设施建设，发展教育、科技、文化、卫生、体育等公共事业，为社会公众参与社会经济、政治、文化活动等提供保障。公共服务以合作为基础，包括加强城乡公共设施建设，强调政府的服务性，强调公民的权利。

面对如此庞大的理念，结合本书的研究目标，我们将围绕公共设计、服务系统、服务的载体展开；通过关键词突出本书的写作重点，研讨公共服务设计思维引导下的公共服务产品的设计方法与实践。其中，设计者作为本研究的主要执行人之一，将完成理念学习、经验吸取和设计实施等面向未来的公共服务系统构建任务。

接下来，我们继续讨论从设计的角度，怎样才能为人机环境系统提供更好的公共服务。首先，好的公共服务是人机环境系统不断发展的标志，设计者将焦点放在创造好的想法上，通过使用有形和无形的媒介，为终端享受服务的用户提供诸多好处。其次，好的公共服务注重实践，不断完善其系统和流程，旨在通过城乡公共系统，为用户提供全方位的服务。再次，好的公共服务需要跨学科的实践融合，高度融合设计、管理、工程等方面，随着近些年服务思维与服务意识的觉醒，设计者通过整合商业模式与智能化的公共服务，不仅可以了解用户的需求，而且可以为社会创造出新的经济价值和人文价值。最后，我们对公共服务产品的目标进行归纳：可用、有用、有效、高效且满足需要。综上所述，本章将围绕以下5个方面进行具体的讨论。

1.1 由物至人的核心辐射

好的公共服务仅限于对人展开无微不至的服务吗？更确切地说，这里的"人"是全体人类，还是一部分在服务辐射范围内的人？这让我们想到了长久以来以用户为中心的设计宗旨，无论是公共服务还是设计，究其根本都是为目标人群提供的，而目前的疑问主要集中在接受服务的目标人群的范围上（图1-1）。美国认知心理学家、工业设计家唐纳德·亚瑟·诺曼（Donald Arthur Norman）就他在《以人为中心的设计是有害的》一文中发布的观点作了阐述，他批评了现在很多设计者过于关注漂亮的情景图和人物角色（用户模型）的做法，认为我们需要把关注点从用户的个体转移到用户的活动和为了这个活动所需要完成的任务上。他认为以人为中心的设计已经发展成了一种非常狭隘的观点，它忽略个人的行动动机，而把重点放在分析表面行为上。结果，很多时候，以人为中心的设计完全无视了目标人群真实的活动中会出现的流程、中断和不当的行动目标。

第 1 章 公共服务产品设计的价值体系 / 003

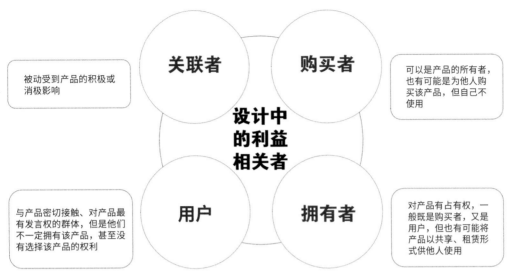

图 1-1 设计中的利益相关者

综合唐纳德·亚瑟·诺曼教授的观点，我们可以进一步挖掘以人为中心的设计动机，进而去探索设计的初衷。其中，另一位学者米里亚姆·帕斯特（Miriam Pastor）的说法也很有启示意义："在过去的几十年里，设计者一直向世界解释，设计不仅仅是指美化事物，更是一种解决问题的态度、一种过程、一种方法，可以帮助解决任何难题，从微小的可用性问题到严重的问题。现在我们设计者也不断地声称'为人类设计'，不断地将设计的外延和内涵拓展，把设计置于更加广泛的框架中。我们毫不犹豫地大胆地宣传设计是涵盖每个人的、未来的、无数方面的学科。此外，我们很自豪地说，设计是将用户置于设计的中心的（User Centered Design，UCD，图 1-2）。然而，设计者是否真的做到了以用户为中心进行设计？答案恐怕是并没有。"

根据以上观点，面向未来，设计需要扩大其受众面，综合考虑人、环境、资源等多重因素。在今后，更多的设计者应被鼓励为野生动物的生存而设计、为濒临灭绝的植被而设计、为资源的循环再利用而设计、为生物科技材料的应用而设计等。这些领域的努力和实践可以更好地协调在这个星球上生存繁衍的万事万物的关系，并且不断改善日趋紧张甚至不断恶化的各种情况。由此可知，好的公共服务不应只考虑人的意愿，而应着眼于长远利益，让其发扬人性中美的、善的、真的方面，运用科学的思维和方法取得人、环境、资源之间的平衡和协同。因此，可以确信的是，好的公共服务的中心正在实现从人类本身向万事万物的不断辐射。

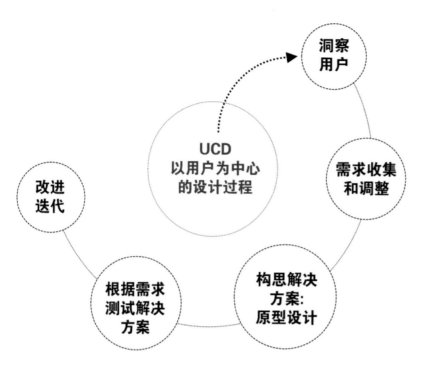

图1-2 以用户为中心的设计过程

1.2 用户期待与实际体验对等

好的公共服务可以减少用户期待与实际体验之间的落差，服务提供者在提供公共服务之前，就应确保每一次的公共服务都能符合目标用户的预期。首先，只有明确用户期待的是什么，才能提供有效的公共服务；其次，还应注意公共服务是应该满足用户期待的一切，还是应该合理地通过专家团队对个体期待与群体期待进行评估，再作出相应的服务判断。

所谓"用户期待"可以分为3个层次（图1-3），即"NEED""WANT"和"UTILITY"，其中，"NEED"主要是指用户对公共服务的基本需求。例如，病人因受伤进入医院治疗，那么，病人的基本需求是让医院专业的医疗团队对其进行医治。这一基本需求大多数医院都可以满足；然而，医院在满足基本需求之后，想要满足病人在"WANT"层面的要求，就需要在人道主义和人文关怀等层面继续找寻切入点。例如，如何告知病人并劝导病人积极配合治疗；假如病人是儿童，公共服务设计就应该尽量考虑安抚孩子与家长紧张的情绪。这样就可以抵达"用户期待"的第三层面"UTILITY"，将理想的设计计划转化为具体功能供用户使用。然而，能够将"NEED"和"WANT"同时满足的用户体验并不常见。一般用户对医疗体验的反馈更关注结果是否良好，即使中间的体验再糟糕，也可以通过其长期利益或价值而抵消。这导致许多公共服务机构对自己的服务水平盲目自满，而能通过服务设计改善的管理体验和期望，也就无法实现了。

想要在用户期待与实际体验之间达成平衡，服务提供者就必须提前了解用户会对目标公共服务抱有哪些期待。收集这些信息的具体方法包括用户观察法、用户访谈法。此外，服务提供者也应当化身为普通用户，去参与体验的过程和收集感受，形成用户体验地图（图1-4）。其中，观察对理解用户语境、动机、互动及人们在现实生活中真正的行为非常有利。直面的观察将不仅仅是

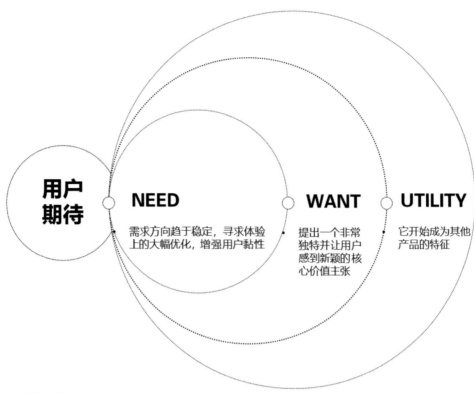

图 1-3 "用户期待"的 3 个层次

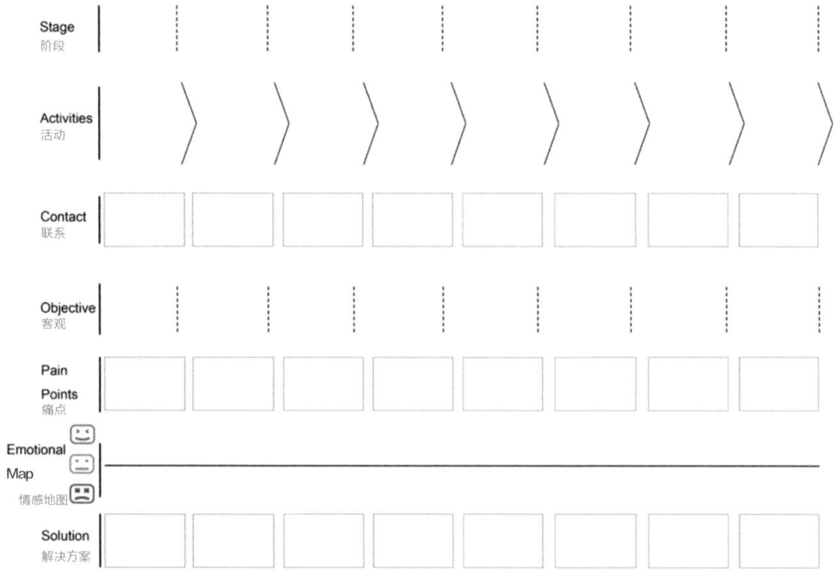

图 1-4 用户体验地图

指收集用户表面的言行数据，从而找准机会将服务提供者的个人判断转化成确认的或否认的用户真实需求，更是指发现那些用户自己都没有意识到的真正的需求，尤其当服务对象是非人类时，观察可以发挥更大的作用。访谈是一种能让人设身处地地说出他们对事物的看法的最有效的方法，访谈者可以通过写写画画等一系列方式，让受访者觉得访谈的话题是有价值的，访谈的环境是轻松愉快的。而参与体验法是一种需要调研者融入并颇具启发性的获取用户期待的方法，它不仅仅是指研究或记录用户的生活方式和职业情况，更需要调研者变身为用户群体中的一员，参与其中并获得用户对服务的感受和体验的一手资料，同时，如果他们足够细心和专业，还可以帮助服务提供者发现体验用户没有注意或没有想到的问题。以上 3 种方法可以帮助服务提供者厘清用户的需求和期待，进而提供更好的公共服务。

1.3　从服务蓝图到服务生态图

在这个环节，我们要讨论服务蓝图对公共服务的作用，它可以帮助我们组织、设计和调整随时间推移而显露出来的不同触点的交互。不过，单纯规划服务的内容不一定能够在更加长远的层面上保障公共服务的顺利运行，因为服务的受众、服务的场景向来都是非常复杂的。这些因素可以在服务设计生态系统中加入，将整个服务变得更加宏观，进而形成可持续的自我循环和服务供给系统。

我们先来了解服务蓝图（图 1-5），当服务提供者将体验中所有不同的触点连在一起，同时又兼顾组织中所有利益相关者的需求和希望时，会使事情立刻变得复杂，这时需要接入服务蓝图。林恩·肖斯塔克（Lynn Shostack）首先提出服务蓝图的构想，此后，将服务蓝图进一步发展，把成本、

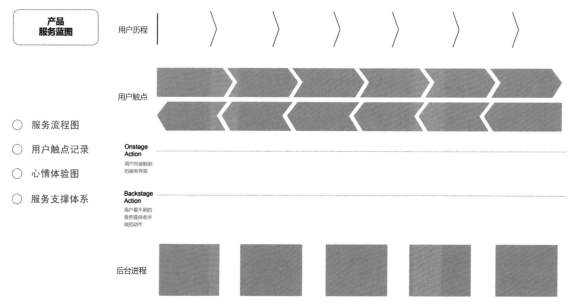

图 1-5　服务蓝图

收益与服务实施联系起来进行规划。服务蓝图早期的版本类似于整个服务的流程图。经过多年的发展，服务设计师已经将服务蓝图发展成一个综合的工具，目的是将用户与服务利益相关者置于服务的中心。随着服务设计师深度参与用户流程并帮助他们对服务进行系统化分类，服务蓝图包括以下3个方面的内容。其一，用户历程，从一个阶段到另一个阶段，从一个步骤到另一个步骤；其二，用户触点，从一个渠道到另一个渠道；其三，后台进程，从一个利益相关者到另一个利益相关者，从一个行为到另一个行为。可以说，服务蓝图对整个服务的实施是非常有效的，它有助于获取总体概况及各环节相互关系，是一种规划项目的方法，可以将服务设计决策与最初的研究和洞见结合。

然而，服务蓝图不等于服务生态图（图1-6），前者关注的是用简明的图表解释服务本身、服务与周边环境的关系；而后者则包括服务的各种变量，不断采集服务和体验中的细节，并且将服务置于一个类似生态系统的变化环境，探索更多可以加入创新和启示的可能。我们可以通过服务生态图鸟瞰服务生态体系，也可以通过意见调查自下而上地看待利益相关者，以营造无缝关联的服务体验。服务生态图用生态学来比喻服务，不只是因为服务系统的复杂性堪比自然界的生态系统。把服务系统视为一个生态系统，其目的也是强调所有参与者都要在其中相互交换价值，从而形成一种自循环系统。例如，当用户在网上付款时，他不仅为银行节省了开支，还享受了银行正常工作时间之外的便捷服务；当用户浏览网页时，他们留下的浏览数据能够帮助程序员对网络进行体验改进，以便于用户下次访问的时候不必填写大量重复的信息。因此，一个健康的服务生态系统应该是在服务蓝图的规划下，让所有参与者从中共同获益，而不是让所有价值都向一个方向流动。

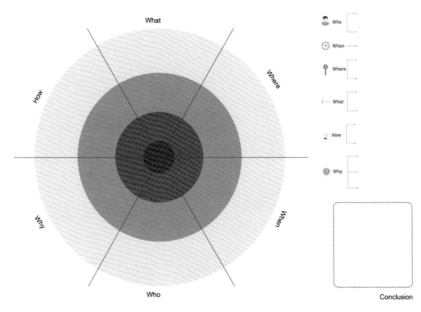

图1-6 服务生态图

1.4 与管理者、受众的信任体系

在任何一种公共服务的运行体系中，能够获得高层管理者的认可固然至关重要，但好的公共服务可以在服务、管理者和受众之间形成一种相互信任的关系。如果公共服务的设计者与管理者不能理解整个公共服务体系背后的战略逻辑，那么，他们就不太能认真对待和有效提供各项服务。这个问题在许多公共服务项目中尤为突出，因为服务流程经常涉及组织内部文化和企业思维模式的改变。

服务设计的规划者在面对用户时，经常会站在用户的立场制订服务计划，但是，一旦面对委托方或公共服务的高层管理者，这些规划者就很有可能在选择中带有倾向，而忽略用户的利益。例如，对许多在公共场所中提供自动贩卖机的企业而言，面对现在的用户需求与企业发展之间的平衡，要在短期内快速进行市场推广并实现利润增长，提供更好的服务体验是帮助企业和服务提供者稳中求胜的关键。

面对以下棘手问题时，好的服务体验可以建立服务的利益相关者之间的信任体系（图1-7）。

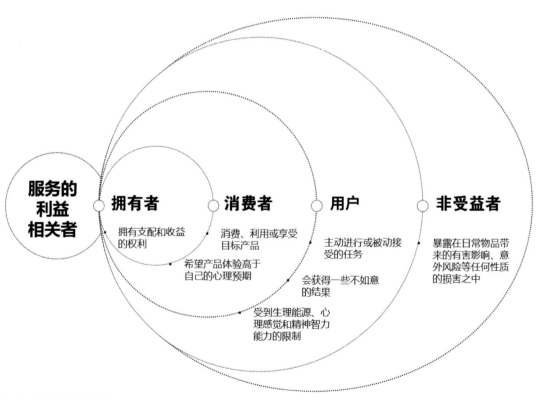

图1-7 服务的利益相关者

情景一：作为市场的新进入者，当需要给用户更多的利益而不是更少时，可以通过提供最好的用户体验来维持均衡。

情景二：在市场环境中，当某项公共服务已经趋于饱和，企业需要留住老用户而不是寻找新用户时，可以提供最好的服务体验。

情景三：对服务提供者而言，开发新的功能成本高，而且不能使我们获得突出的竞争优势，这个时候更应该突出服务体验这一优势。

情景四：当企业的信誉正在因为服务质量受到损害时，改善服务质量和用户体验将是企业振兴的必经之路。

这些案例不仅适用于公共服务的组织机构，而且适用于需要关注用户关系的企业。这之中的关键在于管理者需要一个简单而合理的理由来投入服务设计，这就要求服务设计师用评价体系来判断服务决策对不同利益相关者所产生的影响，而且，合理的服务质量评价是可以被量化的。

在企业或公共服务的组织机构中，如何将公共服务的市场营销、企业运营、设备管理、组织设计和人力资源等工作"揉"在一起，从而不断进行服务运营和服务价值创新？这个问题比任何传统设计更贴合企业利益。公共服务设计正是由企业员工、利益相关者、规划制定者、合作伙伴和竞争对手共同定义的，公共服务设计关注人、技术、物品、流程及这些因素的整合。公共服务的设计与实践要求设计者反复聚焦于具象的微观事物和抽象的宏观系统；收集描述服务体验的资料、用户愿望及价值主张；与此同时，还要持续关注微不足道的细节，诸如公共咨询空间的布局、网站的导航，甚至导视系统的平面信息设计等。服务的设计思维与方法有助于引导设计者发现工作中的短板，主动改善管理者与用户之间的关系。

1.5 促进资源转换与社会进步

自1972年罗马俱乐部题为《增长的极限》的报告发表，"地球资源有限和地球吸收人类垃圾的能力有限"的观念被越来越多的人接受。人们对此议题感受最多的是气候变化，科学界认为，温室气体排放不仅会造成地球气候变化，还会以干旱、洪水和农作物歉收等形式影响人类的生活。众所周知，我们对自然资源的需求远远超过其再生的速度，这最终将导致生态环境被破坏。我们也深知砍伐森林对物种的影响，但即使这样，乱砍滥伐仍然在发生，各种各样的生态危机举不胜举。人们寄希望于设计，尤其希望公共服务系统能够在这些挑战中发挥重要作用。

城市更新与经济增长，促使消费者的需求开始从占有转变为使用和价值共享，这为全球经济转型带来一线希望。产品设计思维在推进资源有效型经济模式的过程中扮演着举足轻重的角色。它将价值与资源区分开，如图1-8所示，生态设计清单将产品可持续理念分解至设计、生产、销售、回收的各个环节之中。以公共服务替代产品，公共服务必须是可见的、有用且吸引人的，在这种集体消费和资源重新分配的模式下，对个人的价值在于便利性和使用权而非所有权带来的负累，在整体上则体现出生态方面的价值。产品设计思维正好可以为此提供方法，许多关于生态的提案通常要求人们放弃一些行为却从来不提供可替代方案。然而，设计者需要明确的是，向人们提供替代方案比要求人们放弃陋习要容易得多。

产品设计师一直以来都有设计公共服务的雄心，最初是因为不愿意忽略这个大市场，但随着对公共服务的逐步了解，设计团队组织了其他领域的设计师和设计推手，他们相信服务设计可以在解决公共服务所面对的问题时扮演重要的角色。相对于主导公共服务话语权的政府官员、社会学家和经济学家，尽管服务设计师在这一领域有所擅长，但毕竟经验不足，可以运用一些新的思路来激发整个设计团队进行新的思考。

在公共服务领域，深植于教育、社会福利和医疗保健服务中的工业化思维主要体现为"生产线模式"。工业化思维在应对服务经济的自然属性时的不足，在当今的社会挑战面前同样暴露无遗。在许多国家和地区，人们逐渐清醒过来，公共服务和社会福利是在不同时期为不同目的而建立的。而今天，诸如老龄化社会和慢性病蔓延而带来的社会资源分配不均，由生态破坏引发的生存资源紧缺等问题，迫使我们不得不重新思考公共服务系统的有效性。而真正令人担忧的是，未来这些公共服务将变得令人无法负担，且无法满足真正需要帮助的群体。

本章的标题可以启发我们获得解决未来社会矛盾，促进社会平稳进步的有效途径，即通过设计思维和方法去整合，有效、合理分配和利用各项资源，应对新的挑战，完善各项城市公共服务产品设计。

例如，海洋搁浅动物救援系列设施（图1-9～图1-14）平常在"扮演"沙滩公共服务设施，包括沙滩帐篷、沙滩座椅、沙滩淋浴装置等。人们通过无人机在区域海岸线进行沙滩巡逻，当发现有海洋动物搁浅时，可以从帐篷、座椅、淋浴装置中取出折叠在其中的海洋搁浅动物救生装备，通过简单的围合、组装就可以快速实现对海洋搁浅动物的保护；同时，通过通信设备通知专业救援人员，对海洋搁浅动物进行专业救治并帮助它们回到大海。如果海洋搁浅动物受伤，它们将经过治疗后再被放回大海。海洋搁浅动物救援系列设施在不影响沙滩公共服务设施正常使用的前提下，对其功能进行了创新拓展。

概念层面/需求分析	产品零部件层面/材料和零部件的生产技术	产品结构层面/内部生产	产品结构层面/产品分销	产品结构层面/产品应用
新概念开发 产品非实物化/共享使用/功能整合/功能优化	选择低环境影响的材料 清洁/可再生/低能耗/循环使用/可回收材料 减少材料使用量	优化生产技术	优化分销系统	降低产品在使用阶段对环境的影响
产品系统层面/回收和处理		优化产品初始生命		优化报废系统

图1-8 生态设计清单

图 1-9　海洋搁浅动物救援系列设施（一）　设计：李港迟

图 1-10　海洋搁浅动物救援系列设施（二）　设计：李港迟

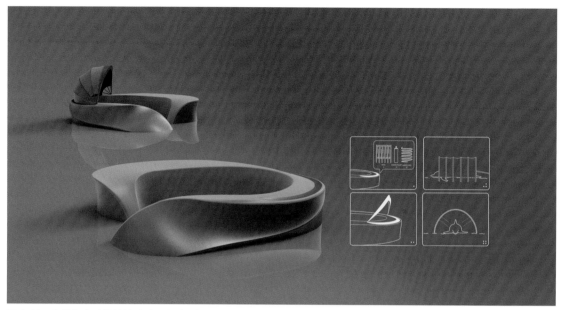

图 1-11　海洋搁浅动物救援系列设施（三）　设计：李港迟

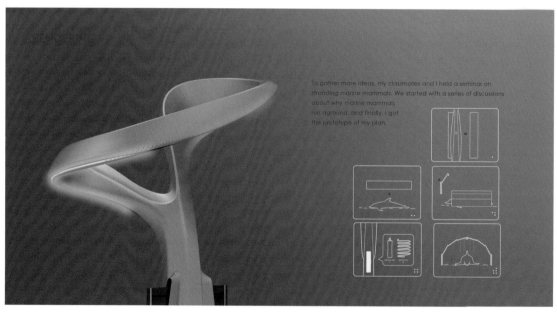

图 1-12　海洋搁浅动物救援系列设施（四）　设计：李港迟

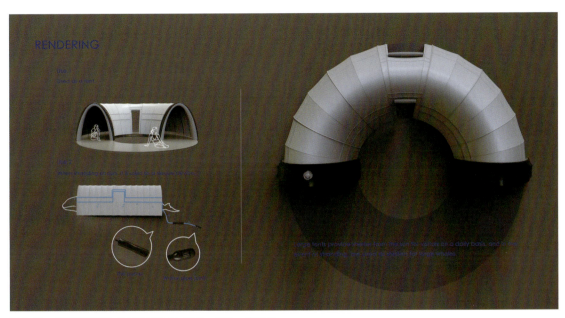

图 1-13 海洋搁浅动物救援系列设施(五) 设计:李港迟

图 1-14 海洋搁浅动物救援系列设施(六) 设计:李港迟

第 2 章　具有潜力的公共服务产品

什么是公共服务产品？根据 MBA 智库百科给出的定义：公共服务产品就其整体而言具有公共物品的性质；按照竞争性、非竞争性、排他性、非排他性的物品属性对公共服务产品进行归类，可以把公共服务产品划分为私有私益、私有公益、公有私益、公有公益产品；在西方经济学用语中，是指能被绝大多数人共同消费或享用的产品、设施或服务，如国防、公安司法等方面的财物和劳务，以及义务教育、公共福利事业等；公共服务产品的特点是一些人对这一产品的消费和利用不会影响另一些人对它的消费和利用，它具有非竞争性和非排他性，因此，这些产品一般由政府或社会团体提供。

几种重要的公共服务产品涉及国防、秩序、环保、科技、义务教育、文化等，其中涉及更多民众服务的，可以根据纯公共服务产品和准公共服务产品划分，或者根据公共服务产品生产和供给的方式划分，还可以依据公共需要程度划分。这些划分方式中比较适合用产品设计思维去理解的方式是根据公共服务产品生产和供给的方式划分的种类，具体可分为以下 3 种。

第一，公共生产的服务产品。这种情况是指由公共部门生产出公共服务产品，然后，由公共部门向社会提供（包括物品和劳务）。所谓"公共提供"，首先是指这些公共服务产品是由公共部门供给的，其次它是以一种不收费的方式来供给的。政府的纯公共服务产品，主要是采用公共生产和公共提供的方式来供给的公共劳务或服务。

第二，私人生产的服务产品。公共服务产品并不一定都要由公共部门生产，有时，政府会购入私人产品，然后向市场提供。例如，国家可以将制片商已经拍好的电视片购买过来，在国有电视台播放。

第三，混合生产的服务产品。一般来说，公共服务产品应当由公共部门提供。然而，有些准公共服务产品，尤其是在性质上接近于私人产品的准公共服务产品在向社会供给的过程中，为了平衡获益者与非获益者的负担，提高资源的使用效率，往往会依靠政府采取类似于市场产品的供给方式，即按某种价格标准向消费者收费。这样，消费者必须通过付费才能获得使用权。例如，医疗产品既可以采取政府供给的方式，也可以采取政府供给、个人付费的方式；此外，自来水、电、天然气等，也都可以采取付费方式来供给。但是，由于混合供给方式涉及政府的政策，因此与市场供给的私人产品在性质和管理上是有很大区别的。

在上述 3 种公共服务产品生产和供给的方式中，前两种采用的是公共提供的方式，第三种采用的是混合提供的方式，区别就在于由谁来付款。公共服务产品无论是采用公共生产、公共提供方式，还是采用私人生产、公共提供方式，其结果都是生产公共服务产品的费用完全由政府承担，即由财政拨款。而公共服务产品若是采用混合提供的方式，其生产成本则由政府和受益的企业或个人共同承担。

具体而言，公共服务产品是满足人们公共需求（如便利、安全、参与等）和公共空间选择的产品，如公共行政设施、公共信息设施、公共卫生设施、公共体育设施、公共文化设施、公共交通设施、公共教育设施、公共绿化设施等。城市公共设施不同于农村公共设施，一般来讲，城市公共设施是指城市污水处理系统、城市垃圾（包括粪便）处理系统、城市道路、城市桥梁、港口、城市广场、城市路灯、路标路牌、城市防空设施、城市风景名胜区、城市公园等。在众多公共服务产品的种类中，

第 2 章　具有潜力的公共服务产品　　／　　015

本章主要就未来非常有发展空间、社会价值、创新潜力、资源环境贡献的类型进行重点研究和分析。

如图 2-1、图 2-2 所示，城市公共洗浴设施可以为城市公园区域的运动者提供洗浴服务。

图 2-1　城市公共洗浴设施（一）　设计：张依

图 2-2　城市公共洗浴设施（二）　设计：张依

2.1 促进资源可持续使用

可持续的理念让社会和个人获益,这要求生产公共服务产品的厂家或政府部门更好地理解所制造的公共服务产品对环境和社会将产生哪些负面影响,进而理解如何才能作出所需要的改变,并且开发出对可持续社会有贡献的产品。无论是已经投产,还是即将投入使用的公共服务产品,其目标都是既有社会价值和经济利润,又对环境和设计负责。

多年来,环保理念经历了从绿色设计到生态设计,再到可持续设计的过程。好的公共服务产品应具有以下可持续特征:其一,精简所使用的材料与零件,在生产环节不造成浪费;其二,对用户的健康和安全使用问题有充分的考虑;其三,在产品生命周期的各个阶段减少产品对环境的影响。这就引出产品从"摇篮到坟墓"的整个流程,包括从提炼原料到制造产品,产品的分发、使用及在产品寿命结束以后它会被如何处理。具有可持续属性的公共服务产品将致力于在以上每一个阶段进行改进,以优化其对环境的影响。

可持续设计的更高层面还包含对社会问题的考量,如产品的可用性、如何鼓励用户更负责任地使用。由此,我们对公共服务产品能否可持续使用或持续性地创造价值提出更多要求,诸如产品是否符合人机工程学,以及是否属于包容性设计、关爱性设计、反犯罪设计等。此外,一些城市公共服务产品需要符合可持续的采购标准,以及符合社会伦理道德等要求,因此,针对不同种类的城市公共服务产品,我们可以以一种截然不同的方法去体现可持续的理念(图2-3)。

接下来,我们要探讨的问题将围绕产品生命周期(图2-4)与可持续的理念展开。产品对环境的影响会在产品生命周期的任何阶段发生,但是,要知道哪个阶段能够产生最大的影响,还要看其性质。例如,使用柚木材料的公共座椅,对环境的影响最有可能发生在原材料提纯的时候;而许多电力驱动的城市公共服务产品,对环境最大的影响莫过于其在使用期间对能源的消耗。当参与资源可持续设计之后,设计者的作用就包括在产品开发阶段把每个环节对环境的影响都考虑进去,然后把这些影响都加以降低。如图2-5、图2-6所示,无人植树

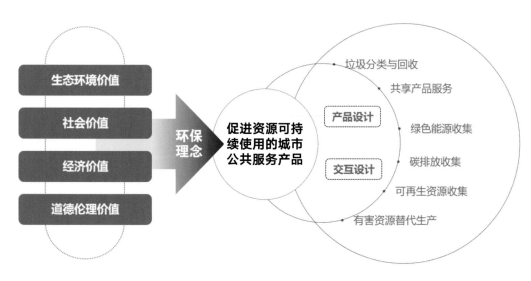

图2-3 促进资源可持续使用的城市公共服务产品的知识体系

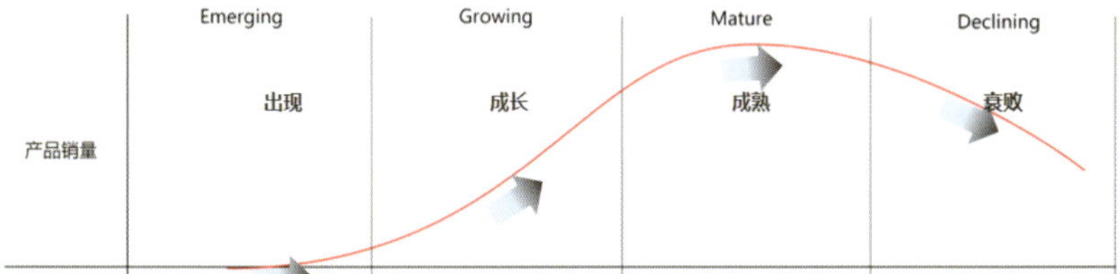

第 2 章　具有潜力的公共服务产品　/　017

产品销量	Emerging 出现	Growing 成长	Mature 成熟	Declining 衰败
用户	早期用户	主流	尾随用户	落后用户
市场	小	成长	大	缩小
销量	低	高	持平	稳健
竞争	低	稳健	高	稳健
设计重心	革新	创新	微调	转移
设计创新	高	较高	低	较少
科技投入	多	较多	平稳	较少
产品评估				

图 2-4　产品生命周期

图 2-5　无人植树设备（一）　设计：秦浩翔

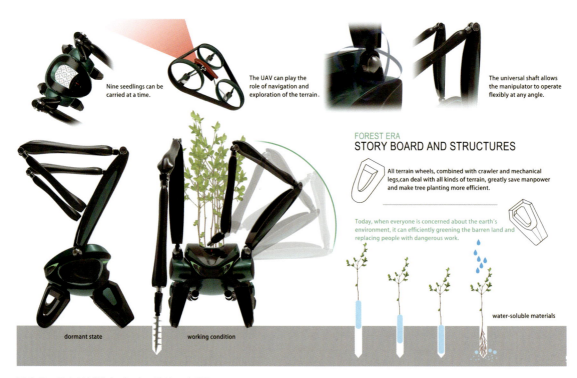

图 2-6　无人植树设备（二）　设计：秦浩翔

设备可以独自在人烟荒芜或人工种树困难的地区完成树苗的栽种工作。

此外，公共服务产品对其材料的选择在产品开发时期发挥着决定性作用。大多数公共服务产品的主流材料是塑料、玻璃、金属和木材。而生物可降解材料、可再生材料需要通过设计者的努力进入大众的选择视野。其中，生物可降解材料可以在其使用寿命结束之后，通过自然发生的化学反应被分解成其他成分，虽然它们也许源自天然或合成材料，但远比石化变种材料更符合可持续的要求。可再生材料，诸如木材、羊毛、纸张、皮革、棉麻及生物塑料等，都取材于自然的、可以自行产出的材料，如果利用得当，这些材料相较于塑料和金属，会拥有更好的可持续属性；可再生材料同样也比合成材料寿命更长、更耐用，并且可以为产品提供更强的用户黏性。

2.2 引导用户积极行为

在选择有价值和创新潜力的公共服务产品时，我们可以关注哪些产品可以通过与其发生互动缓解用户压力、传递给用户积极的能量。我们每天都会被信息海洋的浪潮冲击，积极和消极的信息不可避免，但如何在日常生活实践中始终保持航向？置身于公共环境，包围在用户身边的城市公共服务产品就可以为他们提供多种发掘积极潜力、激发积极心态、传递积极能量的方式，帮助个体改善心态，为群体营造出积极乐观的氛围。

设计者如果用心观察各种城市公共服务产品，就会发现许多产品都可以成为一座信息发射塔，只要选择传递积极的信息，就能有效帮助用户避免"鸵鸟心态"，从而通过用户心态的改变为家庭和工作场所创造充满感染力的乐观氛围，进而让大多数人从消极或中立变得积极（图2-7）。面对压力时，发掘高效的应对途径和潜藏的"积极能量"，不仅会让个人生活充满惊喜，而且会让周围的人在"积极的你"的影响下重获信心，积极改变。

在设计者进行城市公共服务产品设计时，积极心理学可以为设计提供理论研究基础。根据科普中国百科词条的解释，积极心理学是心理学领域的一场革命，也是人类社会发展史中的一个里程碑，是一门从积极角度研究传统心理学研究的东西的新兴科学。积极心理学作为一个研究领域形成，以马丁·塞利格曼（Martin Seligman）和米哈里·契克森特米哈伊（Mihaly Csikszentmihalyi）于2000年1月发表的论文《积极心理学导论》为标志。它采用科学的原则和方法来研究幸福，倡导心理学的积极取向，以研究人类的积极心理品质、关注人类的健康幸福与和谐发展。"积极"一词来自拉丁语"positism"，具有"实际"或"潜在"的意思，这既包括内心冲突，也包括潜在能力。积极心理学主张研究人类积极的品质，充分挖掘人固有的潜在的具有建设性的力量，促进个人和社会的发展，使人类走向幸福，其矛头直指过去传统的"消极心理学"。它是利用心理学目前已比较完善和有效的实验方法与测量手段，研究人类的力量和美德等积极方面的一种心理学思潮。

为什么我们会如此确信那些看似冰冷的、无生命的设施可以传递给用户积极乐观的情绪？举个例子，用户在使用银行提供的公共提款机时，如果操作失误就会直接导致提款失败，这很容易让用户产生消极情绪，甚至对自身能力进行怀疑。那么，在用户操作失误后，系统提供的积极引导和补救就是一种积极的信号。此外，许多社区常见的健身设施，不仅可以协助用户进行锻炼，而且可以营造用户间相互鼓励、比拼的氛围，让健身活动瞬间变得既有趣味，又有积极意义。图2-8、图2-9是引导儿童积极行为的垃圾回收设施，根据儿童收集放入回收口的塑料瓶个数，系统会奖励他们相应的玩具，让其建立垃圾回收的意识。

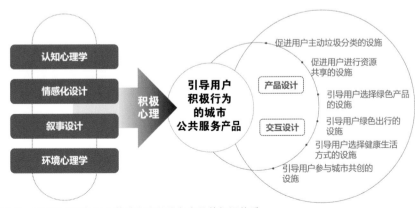

图 2-7　引导用户积极行为的城市公共服务产品的知识体系

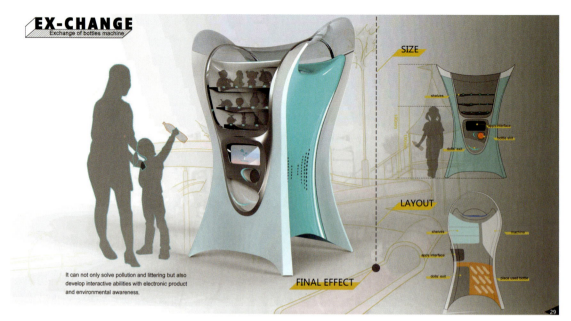

图 2-8　引导儿童积极行为的垃圾回收设施（一）　设计：王愫

图 2-9　引导儿童积极行为的垃圾回收设施（二）　设计：王愫

2.3 促进人机正向互动

我们生活的城市变得越来越便捷了,互联网的不断普及,为衣食住行提供了更加便捷的线上渠道。有人认为,即使足不出户,也可以轻松生活和完成每天的工作。而事实上,这也许是未来城市与社区发展的趋势。不得不承认,智能化与万物互联给我们带来了生活变革中好的一面,然而,其中也包括许多负面因素,如越来越多的人变得孤独。以城市中最熟悉的高层社区为例,陌生的邻里让人们觉得,即使社区到处都安装着摄像头,生活在这样的环境中还是会感到没有安全感和焦虑。

因此,设计者需要进一步思考还有哪些城市公共服务产品可以促进人与人之间的沟通与交流,这种良性的人机互动会给城市增添更多的人文色彩和包容性(图2-10)。在众多城市公共服务产品中能够体现人机互动的场合一般有城市公园、广场、校园、图书馆等,这是一个很好的契机,让我们有机会去拓展这类城市公共服务产品的潜在功能。

以城市公园为例,为了建造一个令人身心愉悦并促进人与人友好互动的场所,设计者不仅需要不断地投入大量的时间和精力,而且要照顾到整个空间中的每一处细节。我们对定点城市公园进行实地走访后发现,许多设计考究的公园,在不到10年的时间里,就变成了无人问津的落寞场所;还经过访谈了解到,无论多么考究的设计,在公园开始使用后,就几乎不再和公园产生关系了。可见,在公园实际运行过程中,设施与服务给用户的体验、公园的运营与管理才是决定10年后公园命运的重要因素。迪士尼乐园的经营管理之道或许在世界范围内已经形成共识,与普通公园相比,迪士尼乐园特别值得一提的是演员的存在,演员指的是会扮演米老鼠、唐老鸭等角色的人,演奏音乐的人和清洁人员。这些人配合园内各种设施、建筑物将游客带入一个梦的世界,而与演员的互动也给游客带来极大的吸引力和乐趣。然而,普通公园没有演员,游客可以通过各项城市公共服务产品自行完成游览。设计者如果想让游客既可以饱览公园优美的景致,又可以与其他游客互动、增进游览的乐趣,

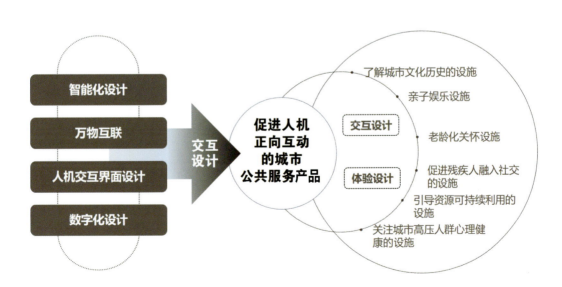

图2-10 促进人机正向互动的城市公共服务产品的知识体系

就可以把设计的切入点聚焦在这些公共服务产品上。图 2-11、图 2-12 是为儿童提供社交过渡空间的娱乐设施，包括滑梯、秋千、攀爬架等，每个设施内部给儿童提供了躲避和独处的空间，可以缓解一些儿童因社交产生的心理恐惧感。

除了城市公园，原本可以促进人际沟通，却因功能陈旧或设备老化被闲置、设计感落后无法提起用户使用兴致的城市公共服务产品充斥着我们的生活。这让设计者开始思考自身是不是可以在更多的空间中发挥作用，创造更多人性互动的可能。

图 2-11　为儿童提供社交过渡空间的娱乐设施（一）　设计：高英姿

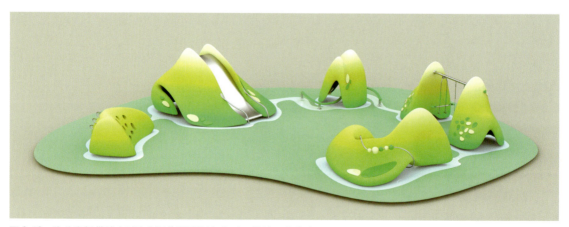

图 2-12　为儿童提供社交过渡空间的娱乐设施（二）　设计：高英姿

2.4 融合共享理念

互联网的广泛应用让共享经济与共享思维深入人心。其实，共享理念很早就出现过，在传统社会，朋友之间借书或共享一条信息、邻里之间互借东西，都是一种形式的共享。以互联网为驱动的共享经济是共享理念得以在民众中广泛传播的有效形式。"共享经济"这个术语最早由美国德克萨斯州立大学社会学教授马科斯·费尔逊（Marcus Felson）和伊利诺伊大学社会学教授琼·斯潘思（Joel Spaeth）于1978年发表的论文《社区结构与协同消费：一种常规活动方法》中提出。其主要特点是，包括一个由第三方创建的、以信息技术为基础的市场平台。这个第三方可以是商业机构、组织或政府。个体借助这些平台，交换闲置物品，分享自己的知识、经验，或者向企业、某个创新项目筹集资金。共享经济涉及三大主体，即商品或服务的需求方、供给方和共享经济平台。

共享经济的5个要素分别是闲置资源、使用权、连接性、信息、流动性。共享经济的关键在于如何实现最优匹配，实现零边际成本，解决技术和制度问题。共享经济将成为社会服务行业内较为重要的一股力量。无论是在住宿、交通、教育服务领域，还是在生活服务及旅游领域，优秀的共享经济企业不断涌现——从单车共享、宠物寄养共享、车位共享到专家共享、社区服务共享及导游共享，其至移动互联强需求的Wi-Fi共享。新模式层出不穷，设计者应在供给端整合线下资源，在需求端不断为用户提供更优质的体验。

基于现在、放眼未来，一些融合了共享理念的城市公共服务产品已经在居民的日常生活中普及（图2-13）。例如，解决"最后一公里"的共享单车，不仅为居民节约了出行费用，连贯了城市交通线路，而且，从长远发展的角度来分析，以共享单车为代表的众多共享产品都会给环境和资源带来诸多良性的影响。在未来的城市公共服务产品设计与发展战略中，共享理念和共享经济模式的介入无疑是必然的发展趋势之一。图2-14、图2-15的城市中心共享厨房以快闪店的形式置于城市之中，帮助轻度抑郁症、焦虑症患者缓解心理压力。据调研，制作食物和分享食物可以让心理压力得以缓解，而城市中心共享厨房在提供食物制作空间的同时，也体现了城市对不同群体的关爱。由此可见，共享理念可以为城市公共服务带来诸多好处，具体可以分为以下两个方面。

第一个方面，共享式的城市公共服务产品可以充分利用闲置资源。共享经济通过整合线下的闲散物品及服务者，运用"闲置资源、限制时间"模式降低其生产要素机会成本。对供给方来说，人们暂时不用或不想用的资源便属于闲置资源。共享式的城市公共服务产品致力于将这些闲置资源的信息汇

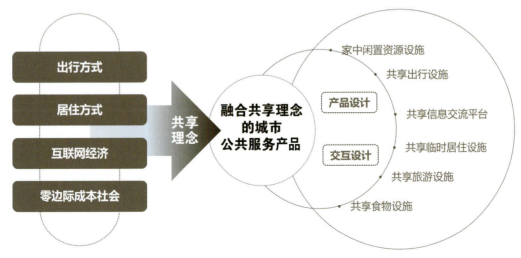

图2-13 融合共享理念的城市公共服务产品的知识体系

总到信息平台，其他需要使用这些闲置资源的消费者可以通过平台了解资源的情况并选择可使用的资源，从而使闲置资源得到有效配置。

第二个方面，共享式的城市公共服务产品可以为用户降低交易成本。共享经济通过变革产权，将商品的使用权与所有权分离，只需用户支付少量"使用权"的费用就可以达到本身的目的，从而产生"消费者剩余"。同时，共享经济正在对"以买为主"的传统商业模式产生颠覆性的影响，促使消费者不再为了满足"使用"的需求而去购买商品，只支付少量费用租赁即可。

图 2-14　城市中心共享厨房（一）　设计：江若琪

图 2-15　城市中心共享厨房（二）　设计：江若琪

2.5 从实体到"隐形"

环境友好型设计关注的是如何将产品对环境的破坏程度降到最低,而其终极目标是化有形为无形,让产品开发达到"零垃圾"的状态。21世纪初,美国建筑师威廉·麦克多诺(William McDonough)和德国化学家迈克尔·布朗嘉特(Michael Braungart)在《从摇篮到摇篮:循环经济设计之探索》中提出了"从摇篮到摇篮"的设计方法,这一方法意味着一个系统中产出的垃圾将成为其他流程或产品的输入(养分)。这种设计方法可以保证整个系统更加可持续,而不仅仅使某个特定元素可持续;最基本的原则是创造养分,即废物等于"食物",所有东西都可以对物质流动有所裨益。通过"从摇篮到摇篮"的设计方法,产品制造过程中的每一个步骤和材料都会被检视一番;同时,所有的排放物和使用过程中产生的垃圾都将被确认一番。

智能化与虚拟化产品的介入,使"从摇篮到摇篮"的设计方法得以更大程度地应用,即用虚拟程序代替实体的公共服务产品,设计者从更接近设计源头的位置实现资源合理利用和环境最小化影响的目的,打造从实体到"隐形"的城市公共服务产品(图2-16)。例如,全国的火车站已经基本完成了从线下购买实体票到线上订购虚拟火车票的变革,在这一转变中,许多人工购票窗口和自动取票机失去了实用价值,这不仅节省了公共空间和机器制造成本,而且给用户带来了便利。很难想象,在购票app广泛应用之前,许多热门线路或节假日的火车票一票难求,许多用户甚至要花费数个小时排队购票、取票进站。然而,虚拟化的购票服务可以帮助用户解决以上问题,用户可以凭借身份证号在线购票,且不用取纸质票乘车,这在很大程度上节约了制作纸质票的人力、物力成本。由此,许多需要票据的城市公共服务领域也受到启发,将人工智能、虚拟化设计结合到城市公共服务之中。图2-17~图2-20是城市公共资源节约记录app,帮助用户将自主节约下来的公共资源转化成奖励。例如,app提供酒店资源节约兑换奖励服务,如果用户自觉省电、省水,酒店将通过app记录并将节省出来的资源转化为礼物送给用户。

此外,虚拟化的城市公共服务系统的一大优势在于可以不断自我更新,从系统的角度进行服务革新的优势都可以通过用户体验表现出来,服务中出现的不良用户体验,也可以通过后台捕捉记录并在下一次的系统更新时加以更正。对比传统的实体公共服务设备,每一轮的产品换代和革新,都意味着成千上万台旧设备的淘汰,这无论是对材料资源,还是对人力、物力都会造成巨大的浪费。

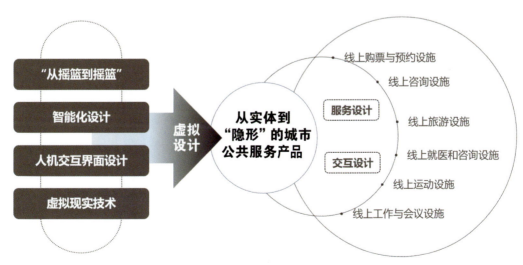

图2-16 从实体到"隐形"的城市公共服务产品的知识体系

实体隐形化的产品也更多地关注如何将虚拟服务与实体产品绑定，并且将服务的重心不断向虚拟客户端转移。无论如何，一项公共服务的最终价值能反映出创新投入的多少和设计者的专业水准。现如今，很多提供公共服务的平台认为，给用户提供无微不至的线上与线下服务，可以为他们赢得更多用户的认可。

图 2-17　城市公共资源节约记录 app（一）　设计：黄钰茹

图 2-18　城市公共资源节约记录 app（二）　设计：黄钰茹

第 2 章　具有潜力的公共服务产品　／　027

图 2-19　城市公共资源节约记录 app（三）　设计：黄钰茹

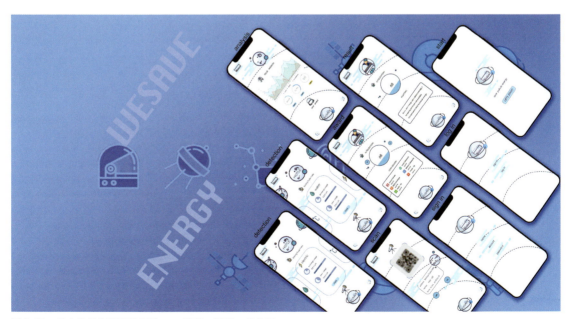

图 2-20　城市公共资源节约记录 app（四）　设计：黄钰茹

第 2 部分 有形与无形的功能融合

　　城市公共服务是一个综合型复杂系统，有形与无形的产品与服务网络交替、交融，为城市各行各业的人员提供生活、生产的便捷方式。本部分从城市基础设施完善规划、城市生态可持续计划、城市灾难应急能力建设、城市垃圾处理方案、公共安全服务系统、特殊人群关爱、生态材料的参与式利用策略、城市文化与在地特色传承等方面阐述具体的实体与虚拟产品设计，通过多个触点打造宜居、原生态、人与自然和谐共生的城市公共服务系统，利用设计思维和设计实践促成人与城市发展之间的良性互动。

第3章 有形的城市公共服务产品设计案例

有形的城市公共服务产品设计不仅要注重功能的实用性,还要注重城市居民的精神文化需求。将城市文化融入城市公共服务产品设计,不仅能方便居民生活,还能满足居民精神需求,提升城市整体形象。对城市公共服务产品设计的解析与评价可以从其对城市产生的社会价值和文化价值、在功能上的创新点、面临的困难与挑战、对产品设计的反思及优化计划几个层面展开。

3.1 废弃共享单车主题智慧公园

设计陈述:废弃共享单车主题智慧公园(图3-1~图3-8)的设计者针对废弃共享单车数量剧增现象,遵循"3R"原则,即减量化(Reduction)、再使用(Reuse)、再循环(Recycle),将废弃共享单车作为城市公园设施的利用资源,先拆分为车轮、车把、车座、车筐、车架、脚蹬、轴承七大部分,作为公园设施设计的基本元素;再根据公园的现存问题、地势特点及用户类型,将公园设施按功能设计规划为娱乐、运动、基础设施3个种类。

社会与文化价值:公园的选址在城市的文化热点地区,周边有"城市书房"和城市雕塑公园;同时,设计者通过废弃共享单车改造的公园设施,可以帮助打造城市智慧公园,其焦点在于"智能互动"与"资源可持续";城市智慧公园在传统公园的基础上增强体验性、互动性、游玩性,以让人们进行新的社交行为和户外体验;"可持续设计"是一种基于"可持续发展"概念的战略性设计活动,

图3-1 废弃共享单车主题智慧公园(一) 设计:孙佳钰

第 3 章 有形的城市公共服务产品设计案例 / 031

旨在构建和开发可持续的解决方案，着眼于为整个生产和消费周期寻找解决方案，而不只关注生产端，聚焦于情感融合和规划的一系列产品的使用，不再以物质产品为目标，而以"实用"和"情感"为目标；因此，"可持续设计"的实践可以让人类的生活更美妙，在减轻资源损耗和环境污染的同时，也可以提高人们日常生活的质量。

功能创新：根据公园的地形及用户组成特点重新将公园分成 3 个主题活动区——"在路上""自行车天堂""创造一切"；"在路上"主题打造的是运动分区，用户通过使用此区域的设施，可以在运动中产生电量，给公园用电补给电量；"自行车天堂"主题打造的是玩乐分区，用户在使用这些设施的过程中，设施也会给用户带来交互体验；"创造一切"主题打造的是动手分区，给用户提供废弃共享单车的零件让他们创造设计，引导更多的人通过它们关注城市可持续发展问题。

困难挑战：如何吸引居民进入公园游玩是设计完成后面临的最大挑战，解决思路是设计一款 app，进而传播城市可持续发展的理念，该 app 可以记录用户在公园运动消耗的能量及为公园产生的电能，公园方还会在公园基本宣传之外定期举办废弃共享单车再造设计赛、公园运动赛等活动，鼓励大家再造和运动，增强用户与公园的黏性；同时，也会定期招募志愿者，进行维修和教学活动，打造公益环保闭环。

设计反思与优化计划：从诞生到兴起，共享单车对人们绿色出行和城市交通发展产生了巨大影响，设计者用思辨的视角审视废弃共享单车，发现其背后需要及时处理的相关生态和制度管理问题；利用废弃共享单车搭建城市智慧公园作为一种解决过量废弃共享单车的探索，其形式会受到材料的限制，但设计者可以从材料的特质出发，充分利用材料固有形式特点，运用拆解、重构、抽象等方法设计带有废弃共享单车属性的设施，形成与用户互动的设施，这在情感方面更能引起用户对可持续性城市发展的反思；通过这种角度提供的一种可持续设计实践方法，具有较强的可操作性和可执行性，但由于更加注重交互的多样性，存在产品实现过程中的成本限制，因此设计者应在后期的设计中通过成本售价预估的方式调整设施形式；今后，这种解决方式也可被运用于废弃物品再设计、环保主题设计等需要与用户建立情感链接或引人深思的领域。

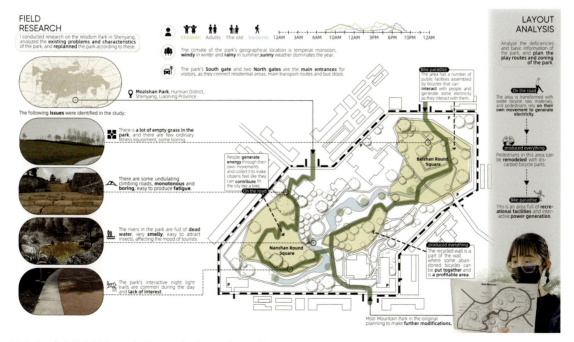

图 3-2　废弃共享单车主题智慧公园（二）　设计：孙佳钰

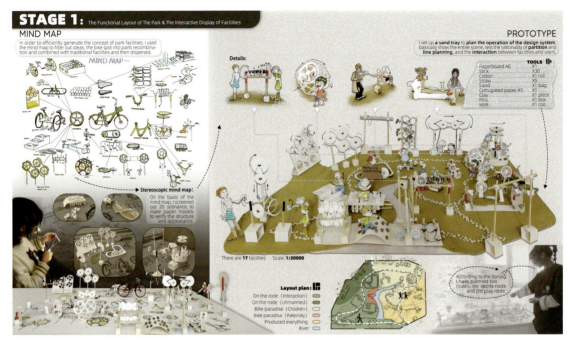

图 3-3 废弃共享单车主题智慧公园（三） 设计：孙佳钰

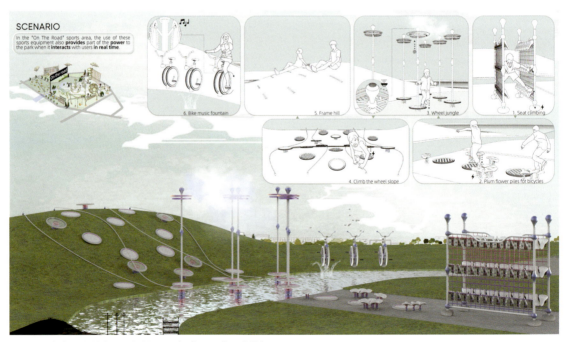

图 3-4 废弃共享单车主题智慧公园（四） 设计：孙佳钰

第 3 章　有形的城市公共服务产品设计案例　　/　033

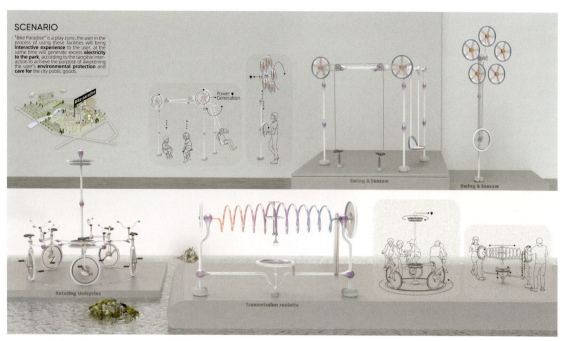

图 3-5　废弃共享单车主题智慧公园（五）　设计：孙佳钰

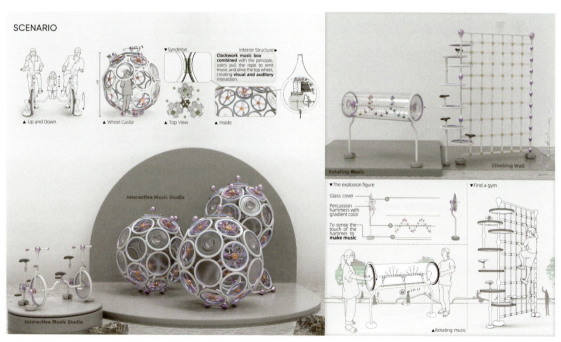

图 3-6　废弃共享单车主题智慧公园（六）　设计：孙佳钰

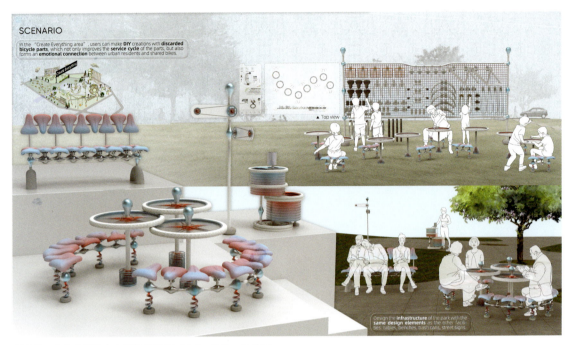

图 3-7　废弃共享单车主题智慧公园（七）　设计：孙佳钰

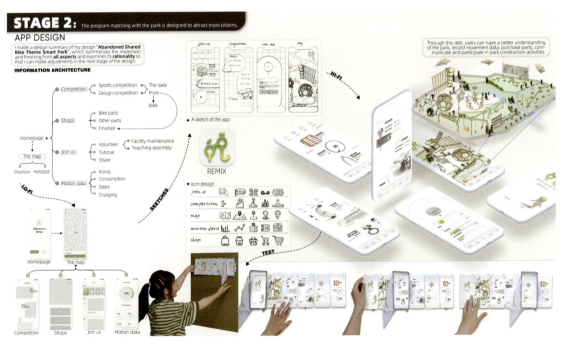

图 3-8　废弃共享单车主题智慧公园（八）　设计：孙佳钰

3.2 多功能的社区设施

设计陈述：多功能的社区设施（图3-9～图3-13）的设计者对已发生的大地震的伤亡情况及原因进行调研，发现很多灾民因在灾后得不到庇护与及时救治而受到来自余震、基础资源匮乏等不可抗因素的二次伤害；从功能、结构、选址、材质、新能源的利用、灾民情感等多角度进行分析，结合现有产品功能、结构的不足，最终发现了灾民对临时避难空间环境良好与基础设施齐全的需求，以及现有产品较单一、不实用的弊端，从而提出了避难帐篷与公共设施结合的方案。

社会与文化价值：该设施在遵循"以人为本""绿色设计"的前提下，力求符合人机工程学和稳固折叠结构设计的全面性，使灾民得到真正的帮助；利用新能源、新材质、新结构、可快速拼接的两用式设计，在实践中得到了证实；利用公园面积大、易到达、设施齐全的优点，设立了逃生路线及灯光引导，再通过将公园建设器材与避难空间结合，充分利用设计。

功能创新：日常生活中的公共设施在灾难来临时可以通过结构的重组成为一个集医疗、饮食、居住于一体的临时避难空间，结合新能源的使用，达到及时救治伤员，提供基础生活所需，避免灾后二次伤害的目的。

困难挑战：在不可控的自然灾害面前，人类仍然是被动的一方；有别于现有设计的新型的避难空间中的整体结构、救援效率、实用性、功能性及综合效益等，该设施需要结合灾民的真实诉求，拥有快速到达、环境良好、救援物资齐全的功能；避难空间的设计应在功能完善的同时更具有人情味，人性化设计及创新型结构设计的重要性也体现了对多用式避难空间概念提出的首肯。

设计反思与优化计划：设计者通过用户采访及共情分析，获得灾民的真实感受，对设计服务流程进行优化，并且通过多场所对比分析得出最佳选址、灾后的逃生路线及可以利用的公共设施；在此基础上通过反复推敲折叠结构、比例、材质、色彩等设计问题并结合现有的新能源技术，如自发电技术、净水技术等，对设计方案进行优化，增强设计的实用性并打造"以人为本"的两用式震后避难空间。

图3-9　多功能的社区设施（一）　设计：陈斯祺

图 3-10 多功能的社区设施（二） 设计：陈斯祺

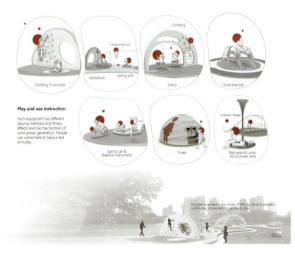

图 3-11 多功能的社区设施（三） 设计：陈斯祺

第 3 章　有形的城市公共服务产品设计案例　　/　　037

图 3-12　多功能的社区设施（四）　设计：陈斯祺

图 3-13　多功能的社区设施（五）　设计：陈斯祺

3.3 海滩垃圾自动拾取系统

设计陈述：海滩垃圾自动拾取系统（图 3-14～图 3-19）使用机械化清洁代替人力清洁，是把无人机应用于沿海地区垃圾清洁的一种尝试，为解决海洋垃圾问题寻找出路，并且借助现代科学的发展为节约人力和资源作出尝试；这是因为现代海洋污染等问题造成了严重的后果，而机械化的进程又符合了现代科技的发展趋势。

社会与文化价值：该设施中的无人机在工作过程中的能源消耗与补充完全依靠太阳能和风能；海边常常有着较为空旷的沙滩，这为获取充足的太阳能提供条件，海边的风能也能被更高效率地收集；这样，充足的能源能够被提供给无人机，无人机可以不再消耗外界能源，即那些从煤或其他燃料的燃烧中转化而来的能源，也不需要充满电能的交通工具为它们传输能量，这些能源都能被节约下来；同时，无人机所使用的能源也更加清洁和环保。

功能创新：无人机清洁可以节约部分劳动力，替代人们较为简单、以体力劳动为主的工作；在清理沿海垃圾方面，无人机的应用会带来一定程度上效率的提高，它省去了人力寻找、拾取和分类的部分，不会出现因人工失误而造成的问题，因此，它的工作更加严谨，完全遵照设置的指令进行，减少了后期因出现问题而带来的工作量。

图 3-14　海滩垃圾自动拾取系统（一）　设计：杨乔雯

第 3 章　有形的城市公共服务产品设计案例　/　039

图 3-15　海滩垃圾自动拾取系统（二）　设计：杨乔雯

困难挑战：人类因日常活动排放的污水或制造的固体垃圾都会对海洋造成如海水富营养化、海洋动物死亡等问题；人工清理垃圾会耗费大量的人力，地理情况也在一定程度上限制了人工清理的范围，而机械化清洁代替人力清洁的解决方法可能影响其他生物的自然活动。

设计反思与优化计划：机械臂在无人机内部能否实现抓取和挖掘垃圾，需要设计者在后续设计中进行反复的原型实验；此外，如何通过其自身转动、平衡调整保证无人机的正常工作和飞行也是后续优化方案的重点；最后，设计者需要继续优化无人机的智能扫描识别系统，让其对垃圾进行寻找、识别，并且在将垃圾带回后能够进行较为准确的分类处理，以便于下一步的垃圾回收。

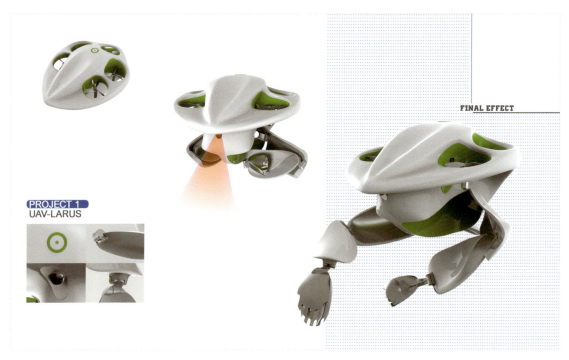

图 3-16 海滩垃圾自动拾取系统（三） 设计：杨乔雯

图 3-17 海滩垃圾自动拾取系统（四） 设计：杨乔雯

图 3-18　海滩垃圾自动拾取系统（五）　设计：杨乔雯

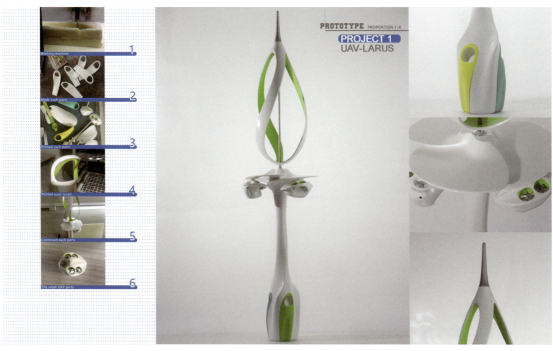

图 3-19　海滩垃圾自动拾取系统（六）　设计：杨乔雯

3.4 社区智能除雪车

设计陈述：中国北方地区的气候与地形特殊，冬季漫长，降雪频率高且降雪量大，部分地区还会形成雪灾等自然灾害，这无疑会给生产及日常生活、交通运输造成很大影响；同时，除雪也消耗了大量的人力、物力，目前北方地区清理积雪主要依靠传统的除雪设备。

社会与文化价值：以社区智能除雪车（图3-20~图3-24）为例的城市公共服务产品，是冬季北方城市路面交通系统的重要组成部分；社区智能除雪车的设计一方面要服务于产品的功能、结构，使其更加严谨、便利，另一方面要在允许的范围内最大限度地加强和凸显产品的力量感、美感，甚至品牌特征，以优良、安全、友善的产品形象显示城市的服务力与吸引力。

功能创新：社区智能除雪车的创新点在于智能化的人机交互系统、方便在狭窄空间灵活工作的模块化结构设计、功能结构的完整和系统化，以及从驾驶员角度出发的服务智能化、自动化；有效地解决了暴雪天气下积雪导致的交通堵塞问题；外观具有灵活性，解决了狭窄路面除雪困难的问题。

困难挑战：中国北方地区冬季的积雪和积冰经常造成紧张的交通，尤其是在一些特殊路段，如坡道、转弯、交叉路口、狭窄道路等；但是，目前国内对积雪的处理方法较原始，北方大部分地区依然采用人工除雪法，消耗了大量的人力物力，且大量工作人员集中在机动车道上作业极具风险，除雪的效率较低；从理论上讲，利用机械装备类除雪产品除雪，可大大降低人力物力消耗，同时有效提高除雪效率。

设计反思与优化计划："社区智能除雪车如何有效清除积雪""除了除雪功能，设备能否更好地提供人机交互服务""在未来，能否优化出无人驾驶的自动化除雪设备"，这些问题都可以作为设计优化的机遇，使城市雪季道路畅通，提高交通系统的效率与安全性，改善美化城市环境。

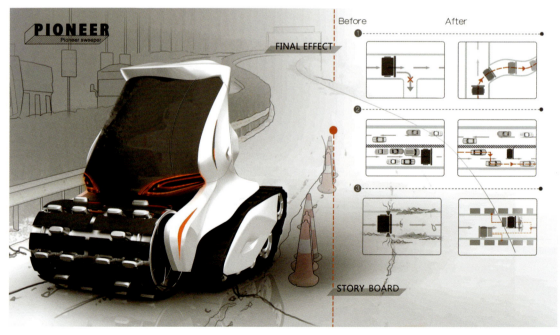

图3-20 社区智能除雪车（一） 设计：王愫

第 3 章 有形的城市公共服务产品设计案例 / 043

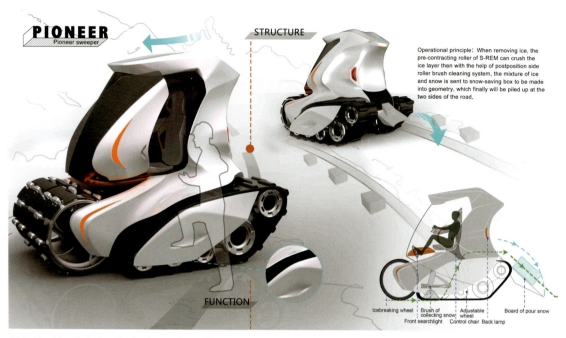

图 3-21 社区智能除雪车（二） 设计：王愫

图 3-22 社区智能除雪车（三） 设计：王愫

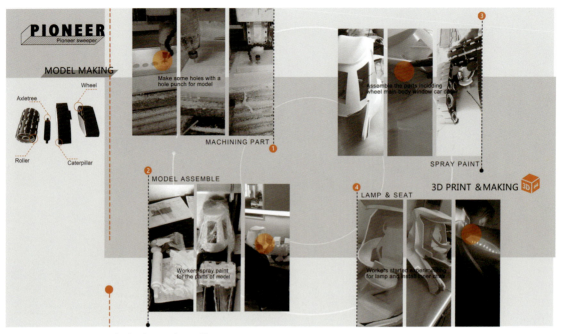

图 3-23 社区智能除雪车（四） 设计：王愫

图 3-24 社区智能除雪车（五） 设计：王愫

3.5 无人驾驶的电力抢修车

设计陈述：具有物资携带功能的无人驾驶的电力抢修车（图 3-25～图 3-28），主要应用于美国中东部、澳大利亚及中国中部等地区，为需要电力的设备提供能量，同时，可以用风能为供电设备续航；车辆末端有 4 个物资集装箱，灾民可以自取必备用品渡过艰难时期；在载具性能方面，设计者让车辆更贴近特斯拉的理念，用数字化的信息和理念来做车，使车辆在具备越野性能的同时，更稳重、更安全。

社会与文化价值：无人驾驶的电力抢修车从设备的使用到功能区的分配，从形态的变化到色彩的选取等诸多方面影响着救援活动及受灾群众的心理；为了取得较好的救援效果，提高使用效率和增强受灾群众的被庇护感，在设计过程中，设计者遵循了几个重要原则——与现有科技结合，设身处地

图 3-25　无人驾驶的电力抢修车（一）　设计：刘华琛

地考虑受灾群众迫切需要什么，车辆外形是十分冷酷且具有速度感的重型卡车，让整体的方案看起来接近现实。

功能创新：发电设备内置 300kW 的发电机，四周为若干长 20cm 左右的小风扇组成的风扇网，用于在龙卷风过后的灾区收集风能并转换成电能储备在发电机中；车辆的动力也来自这个"油罐"，形成一个动力环；车辆的辅助功能为物资投放，由 4 个大集装箱型的物资集合站组成，受灾群众可以集中在车尾处，排队拿取食物、瓶装水、毯子及必备药物等。

困难挑战：龙卷风是各种自然灾难中最难预测，发生最频繁，且一旦发生对地区影响最严重的自然灾害；由于龙卷风强大的破坏力，它对城市及乡村的影响是极其恶劣的，人们需要花费很长时间去抢修，其中对电力系统的影响最大，对人们生活的影响次之；人们现有的抢修方式往往是派送消防车与抢修车，但是很多大型机器的运作需要大量电力支持，这导致设计的第一个困难是无法保证发电系统的续航，第二个困难是无法保证救援队伍的高效分配。

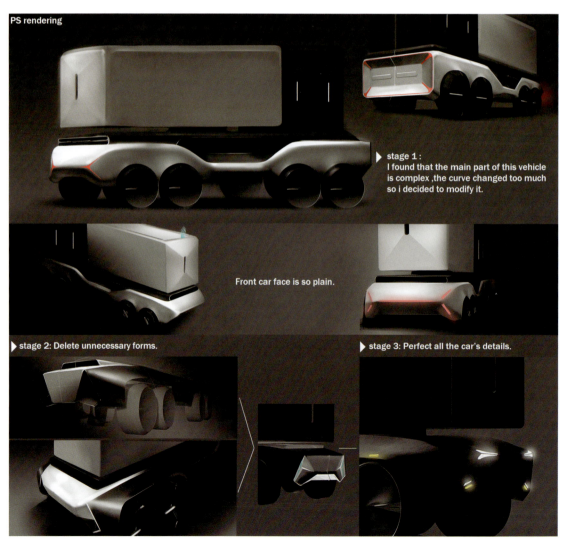

图 3-26　无人驾驶的电力抢修车（二）　设计：刘华琛

第 3 章　有形的城市公共服务产品设计案例　　/　　047

设计反思与优化计划：设计者改良的目标是明确无人驾驶的电力抢修车的主辅功能，专注于其供电及续航，这样会缩短不必要的能源运输时间，提高车辆往返效率；改良后可以减少车辆资源的浪费，使无人驾驶的电力抢修车在未来的设计应用中代替维修车及物资运输车实施救援。

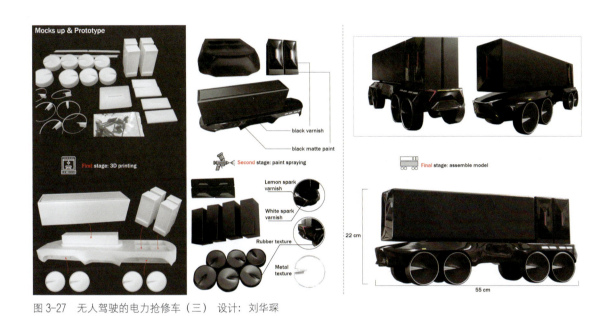

图 3-27　无人驾驶的电力抢修车（三）　设计：刘华琛

图 3-28　无人驾驶的电力抢修车（四）　设计：刘华琛

3.6 "HUB"共享单车停靠空间

设计陈述:"B+R"交通模式(非机动车辆换乘公共交通)是当下既经济又环保的绿色交通方式,利用共享单车的灵活性和公共交通的规范性服务城市短途居民,充分发挥共享单车的优势,有效地解决了人们"最后一公里"出行的问题;而它在城市交通系统中发挥重要作用的同时,弊端也随之显现出来——企业肆意投放共享单车牟利,居民无序停放和恶意破坏共享单车、将共享单车据为己有等。

社会与文化价值:共享单车作为新兴共享经济的载体,推动了共享经济的发展,"B+R"交通模式作为交通领域的共享形式逐步完善并社会化;虽然公共交通中存在政府管理制度不完善,企业实施缺乏责任感,公民素质参差不齐、自律性过差等不良情况,但是共享单车的精准停放不仅仅需要政府完善的管理制度、共享单车运营商承担社会责任、公民自律性的提高的三管齐下,更需要公共服务产品技术的辅助。

功能创新:"B+R"交通模式下的高效安全的"HUB"共享单车停靠空间(图 3–29 ~ 图 3–33)作为共享单车与公共交通的换乘系统枢纽,是有效衔接共享单车与公共交通的关键。

"HUB"共享单车停靠空间有 4 个主要功能分

图 3-29 "HUB"共享单车停靠空间(一) 设计:苏悦

第 3 章　有形的城市公共服务产品设计案例　　/　049

区：第一，立体共享单车存车区，设计者在传送共享单车的电动轨道上预设了 20 个停车架用来存放共享单车；第二，全封闭透明的室内候车室，有工作台可供乘客查询公交车信息、存放物品和临时工作，工作台分为高低两部分，高的部分可供成年人使用，低的部分可供儿童使用，工作台上方为绿植区，为乘客打造绿色有氧环境，工作台四周有若干座椅供乘客休息，透明墙壁上有公共路线的信息供乘客查询；第三，半封闭的室外候车室，有座椅供乘客临时休息和候车，座椅上方有曲面建筑用于遮阳；第四，共享单车存取处，设计者预设共享单车停车口，乘客可以在这个区域存取车。

困难挑战：共享单车在发挥其积极作用推动共享经济发展的同时，也显现出一系列交通问题——共享单车投放过剩、被肆意破坏引起资源浪费和

图 3-30　"HUB" 共享单车停靠空间（二）设计：苏悦

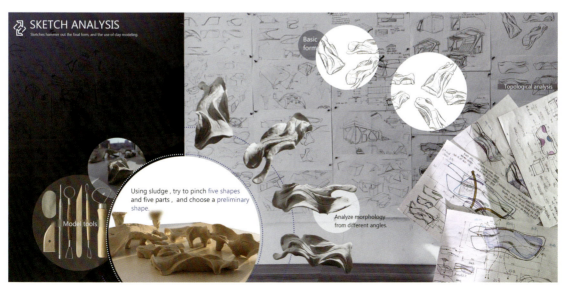

图 3-31　"HUB" 共享单车停靠空间（三）设计：苏悦

环境污染，车辆无序停放、违规占道引起交通堵塞，加大了政府与社会管理成本，影响城市形象。

设计反思与优化计划："HUB"共享单车停靠空间设计以机械化的角度尝试解决共享单车的停靠问题，以完善"B+R"交通模式，精准有序地规划共享单车停靠，从而达到节省公共资源，推进绿色交通可持续发展的目的；在"B+R"交通模式下的"HUB"共享单车停靠空间的设计探索中，设计者要不断增强产品的功能和结构的可行性，不断加入新的实地调研和网络调研，以了解用户诉求，强化原型测试，制作模型进行实验，探索候车空间与停车空间的结构与空间支撑问题，优化线上app服务，帮助乘客存取车。

图 3-32 "HUB"共享单车停靠空间（四）设计：苏悦

图 3-33 "HUB"共享单车停靠空间（五）设计：苏悦

3.7 儿童公共体检设施

设计陈述：安全感、存在感、认同感是儿童最重要的 3 种情感需求，儿童在传统"冰冷"的体检环境中容易产生不安、焦虑、抗拒的不良情绪；因此，儿童公共体检设施（图 3-34～图 3-40）应该从流程设计、造型特征等方面增强其安全性、互动性、趣味性和智能性，缓解儿童的不良情绪和心理压力，促进医院和儿童的沟通，打造更舒适、温暖的体检环境。

社会与文化价值：如今的医疗产品设计不仅仅要实现产品的基本功能，更要注意稳定患者的情绪，方便患者使用及促进医患之间的沟通交流等；医疗产品不再只是冰冷的机器，它在功能设计上不断向着人性化、智能化的方向发展，更多的医疗产品开始结合新科技增强患者与产品及医护人员之间的互动性，使用也更容易、更舒适；此外，一些医疗产品还配置了多项功能、降低了操作难度等，不再一味地强调功能的实用性，也更注重功能的完备度、易用性和使用感，有助于缓解患者的紧张情绪。

功能创新：融入游戏的儿童公共体检设施使用投影引导、屏幕交互等技术，增加了儿童与系统的互动，易于儿童理解产品、使用产品；同时，将基本的身体素质检查与娱乐功能结合，增强趣味性，改善儿童对传统体检设施的恐惧；其使用流程设计首先考虑了儿童的情感需求，赋予体检流程故事性，以闯关的模式推进体检，在适当的环节给予体检的儿童奖励等，其次，将体检区域与休息区域进行了整合，不仅能让家长更舒适、放心地陪伴体检，也方便医护人员与儿童进行交流。

困难挑战：近年来医疗产品呈现出关怀化、人性化、智能化的多元发展趋势；目前一些具有情感温度和舒适度的美观简洁的医疗产品已经涌现出来，但还没有形成完备的系统，很难满足当下人们对医疗产品的需求；在针对特殊人群或特殊需求的医疗产品方面，特别是儿童公共体检设施方面，完整的系统化设计还没有出现。

设计反思与优化计划：融入游戏的儿童公共体检设施在实现基本儿童体检功能的基础上使用 AI（Artificial Intelligence，人工智能）、VR（Virtual Reality，虚拟现实）、AR（Augmented Reality，增强现实）等技术增强了产品的交互感与科技感；改变冰冷的设施造型，赋予每个设施可爱温暖的形象，并且使用柔软亲肤的材质增强人机舒适感；以故事引导、游戏互动、积分奖励等方式创新了体检流程，增强了体检趣味性；但是，尽管经历了多方面的研究与模拟实验，设计者还是需要不断地对该产品进行优化。

图 3-34　儿童公共体检设施（一）　设计：张巧彤

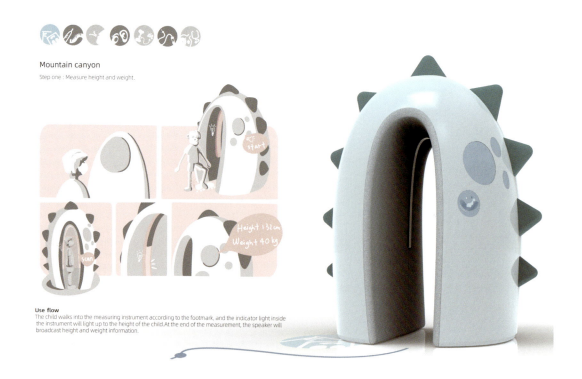

图 3-35　儿童公共体检设施（二）　设计：张巧彤

图 3-36　儿童公共体检设施（三）　设计：张巧彤

图 3-37　儿童公共体检设施（四）　设计：张巧彤

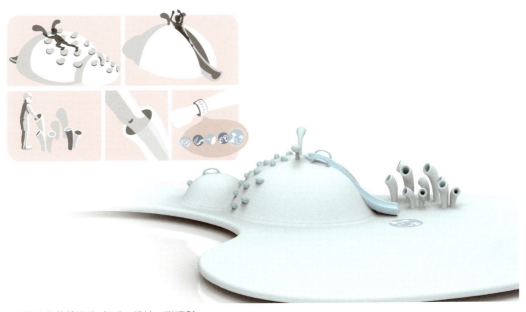

图 3-38　儿童公共体检设施（五）　设计：张巧彤

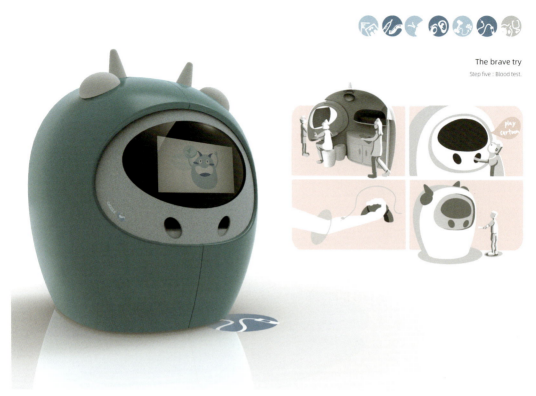

图 3-39 儿童公共体检设施（六） 设计：张巧彤

图 3-40 儿童公共体检设施（七） 设计：张巧彤

3.8 互动音乐创作装置

设计陈述：设计者通过与若干孕妇及孕后女性交谈，进行设计切入点的调研，在调研中明显发现孕妇群体在孕期出现焦虑情绪的概率相对较高，且通过音乐进行自我疗愈的人占总数的百分比最高；音乐疗法为产前抑郁常用的辅助治疗手段之一，设计者以音乐及交互为主要方式，以较为简单的肢体感应、参与式作曲为实现手法，打造交互式的互动音乐创作装置（图3-41～图3-47）。

社会与文化价值：设计者从用户自发性作出舒缓音乐并享受其中、放松心情出发，通过营造沉浸式体验的氛围，引导用户在音乐中做出动作；互动音乐创作装置通过收集用户身体位置信号作出简单的轻音乐，使用户在使用本产品的时候沉浸于良性情绪，舒缓身心，从而达到预防和辅助治疗产前抑郁的目的。

功能创新：互动音乐创作装置被定义为设置于医院的声光交互的公共服务产品，运用场景为医院等候室或病房等公共区域；通过超声波感应技术检验出用户运动轨迹，根据感应在发声设备上放出设计者提前录制的自然乐声，通过用户不同的运动轨迹使自然乐声进行不同的组合，从而形成不同的轻音乐；中央设置有简约交互屏，包含时间、实时辐射量与辐射危险值（避免用户使用时担心辐射危害）、光亮按键（设置产品发光颜色亮度）、重播键、重新开始键及循环播放键，协助用户进行心理放松及产前抑郁的预防。

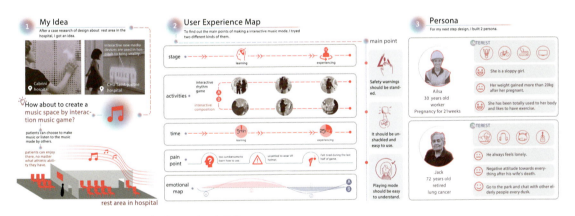

图3-41 互动音乐创作装置（一） 设计：施雪潆

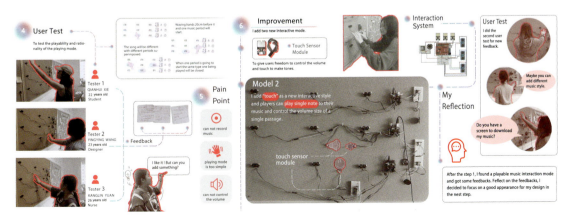

图3-42 互动音乐创作装置（二） 设计：施雪潆

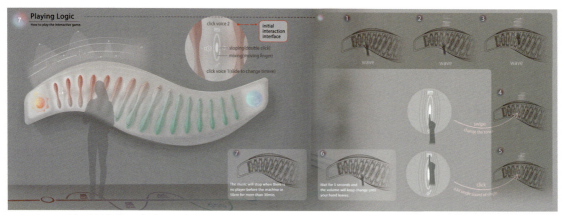

图 3-43　互动音乐创作装置（三）　设计：施雪滢

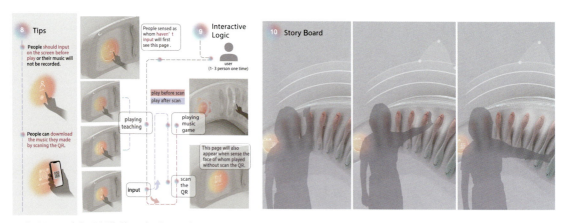

图 3-44　互动音乐创作装置（四）　设计：施雪滢

困难挑战：孕妇用品的用户主要为体质敏感的育龄女性，她们对直接使用的产品的安全性要求高，同时又不因自己怀孕就丧失爱美的心，这对相关孕妇用品提出较高的品质要求和外观创新要求。

设计反思与优化计划：互动音乐创作装置以产品设计为切入点，为孕妇人群设计音效产品，从而预防或辅助治疗产前抑郁；然而，设计者在实地走访中发现，导致孕妇人群产前抑郁的原因复杂，下一步，需要从市场、用户、技术多个维度切入进行调研，以原型测试为依据进行孕妇及更广泛人群的交互类音效产品设计构想。

第 3 章　有形的城市公共服务产品设计案例　/　057

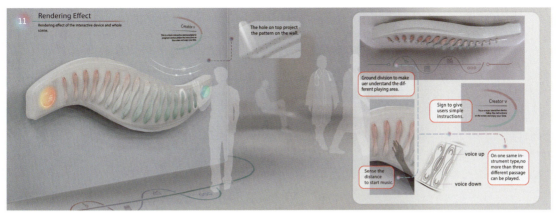

图 3-45　互动音乐创作装置（五）　设计：施雪滢

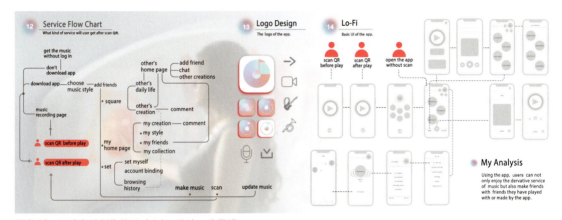

图 3-46　互动音乐创作装置（六）　设计：施雪滢

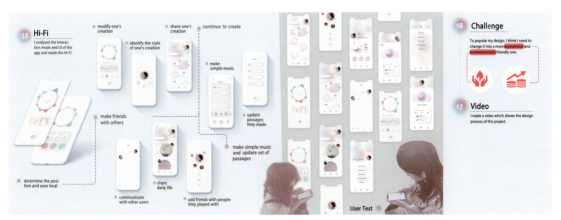

图 3-47　互动音乐创作装置（七）　设计：施雪滢

3.9 "HOPE"多功能支教车

设计陈述：近年来，教育资源配置不平衡的问题越来越受到社会各界的关注，偏远山区的儿童教育被更多关注，以教导偏远山区的儿童远离陋习、建立正确的人生观和价值观等；这是"HOPE"多功能支教车（图3-48～图3-52），可以将许多需要面对面讲授的课程通过移动支教车"搬运"到偏远山区，随着捐献物资一起给偏远山区的儿童送去教育资源、温暖和关爱。

社会与文化价值：为了解决教育资源配置不平衡的问题，"HOPE"多功能支教车将共享教育的概念与运输捐献物资的交通工具结合起来，通过箱货式运输车辆将临时教室带到偏远山区，搭建教学空间，为偏远山区的儿童提供面对面的名师体验课堂；"HOPE"的全称为"Light of Hope"（希望之光），这个多功能支教车可以运输捐赠物资和教具，并且由专业教师为偏远山区的儿童提供适合面对面讲授的课程，如美术、音乐等体验式和沉浸式的教育课程。

功能创新："HOPE"多功能支教车车内配备多套折叠桌椅，可协助人们快速打造户外的临时教室；车厢的折叠结构能够形成一个半围合的讲台，教师可以利用投影仪为偏远山区的儿童播放最新的学习资料，并且指导他们完成各项任务；"HOPE"多功能支教车将学习扩展到课堂外，可以最大限度地为偏远山区的儿童提供与发达地区差异较小的教育服务。

困难挑战：对偏远山区的救助，单纯地捐献物资无法实质性地改变当地居民的生活境遇；设计者从人种学和地域考察中发现，教育程度、原生家庭构成、家庭收入来源、教育环境、生活环境等都会影响人们对自身发展的看法；因此，想要更好地解决偏远山区的教育问题，设计者需要从社会学、组织学、心理学、教育学等维度融合性地提出可执行的策略；同时，如何发动社会各界力量，形成参与式的互助团体，也是目前改善偏远山区教育面临的困难和挑战。

设计反思与优化计划："HOPE"多功能支教车

图3-48 "HOPE"多功能支教车（一）设计：侯佳琪

最大程度地利用了箱货式运输车辆的内部空间,既可以运输捐献物资,又可以将箱货式运输车辆的箱体部分组装成临时教室,便于教师对当地儿童、村民进行教育信息普及;设计者应面向未来,思考传播教育信息的更多渠道,利用互联网技术与人机交互方式为传播教育信息提供更实时、高效,互动性和反馈性更强的环境,并且促成教育资源的合理配置。

图 3-49 "HOPE"多功能支教车(二) 设计:侯佳琪

图 3-50 "HOPE"多功能支教车(三) 设计:侯佳琪

图 3-51 "HOPE"多功能支教车(四) 设计:侯佳琪

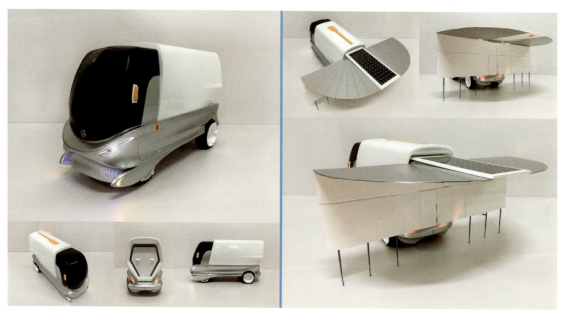

图 3-52 "HOPE"多功能支教车(五) 设计:侯佳琪

3.10 水灾后房屋清洁设备

设计陈述：水灾后房屋清洁设备（图3-53～图3-56）是为受灾房屋清洁设计的机械设备，它是集抽水、清洁、通风、消毒等功能于一体，并且能提供多种服务的集合型产品；以政府为投资中心，被生产投放在易发生水灾的公共场所，解决水灾后房屋的清洁问题，降低了房屋清洁的人力成本的同时，也提高了工作效率和清洁度，是未来社会不可或缺的设备。

社会与文化价值：水灾是我国季节性频发且破坏力大的自然灾害之一，如何应对频发的水灾是全世界人民都要面对的重要课题；水灾后房屋的清洁是人们最容易忽略的部分，在设计领域也涉及甚少；设计者为解决人们日益增长的应对自然灾害的需求和有限资源之间的矛盾，设计出为水灾后房屋清洁提供全方位服务的专业设备来保障居民生活。

功能创新：水灾后房屋清洁的步骤包括穿防护服、抽水、清洗污渍消毒、通风换气、美化墙壁等，清洁的先后顺序影响着水灾后房屋内细菌滋生的速度；因此，相关的专业设备需要被投入使用，新的工作流程需要被制定。

第一步，清洁人员需要穿防护服，因为污水中含有大量细菌，防护服可以抵抗细菌对清洁人员皮肤的侵蚀；第二步，对积水房间进行抽水，在一些地势低洼的小区楼房中，积水不易散去，要使用设备中的抽水机；第三步，利用移动清洗机清洗房屋墙面、家具、地面上的污渍（此步骤决定着后续消杀是否彻底），再将消毒剂导入设备，对房屋进行全面彻底的消毒；第四步，利用设备中的通风机进行通风换气，以防止细菌再次滋生；第五步，使用设备中的补墙膏和补墙工具对墙皮脱落的地方进行修缮美化处理。

困难挑战：我国水灾后的房屋修复工作通常都由政府指导，在未来的生态环境下，自然灾害的不断来袭会给政府增加更大的压力，基于不同地区特征的水灾后房屋清洁设备创新式地为人们提供了解决思路，同时可联系多方利益相关者，将其纳入服务体系，形成新的经济运营模式，使原本单纯消耗资源的现象转变为健康的收益体系；但该设备只能应用于雨季，其维修看护成本会造成新的资源浪费，且主要依靠政府投资的设备不足以完全支撑其良性发展，设计者应相信未来水灾后房屋清洁设备会拥有新的技术，并且进入新的发展领域。

设计反思与优化计划：设计者致力于解决在未来水灾频发的状况下房屋清洁效率低下、不成体系等问题，但水灾后房屋清洁设备的使用必定会带来一定程度的浪费和对生态环境的破坏，在不产生更多垃圾的情况下进行水灾后房屋清洁是未来设计迭代的重要方向；同时，水灾后房屋清洁设备分布在一个地区供居民使用，有时会出现使用时间冲撞的情况，因此，设计者应该在服务系统中添加与设备关联的app供居民预约使用。

图3-53 水灾后房屋清洁设备(一) 设计:张雨筱

第 3 章　有形的城市公共服务产品设计案例 / 063

图 3-54　水灾后房屋清洁设备（二）　设计：张雨筱

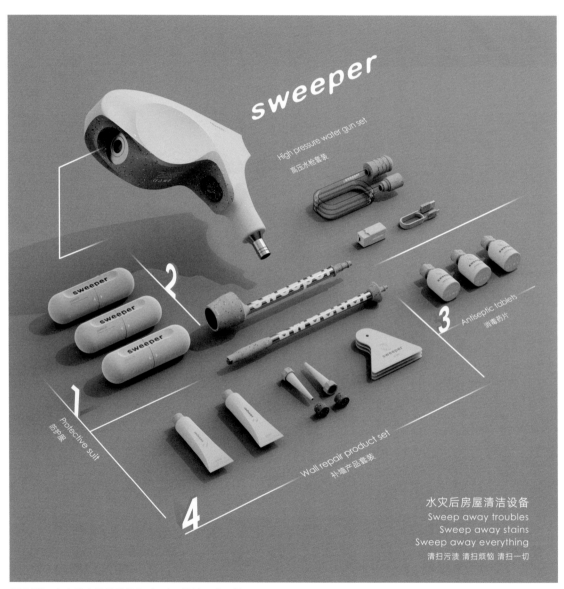

图 3-55 水灾后房屋清洁设备（三） 设计：张雨筱

图 3-56 水灾后房屋清洁设备（四） 设计：张雨筱

3.11 河流安全预警设施

设计陈述：河流安全预警设施（图 3-57 ～ 图 3-62）是规划在城市沿河区域的，可以提供落水救援的公共服务产品，它有两个主要功能，其一是落水救援功能，河流安全预警设施上有两个救生圈，为施救者和落水者提供，防止施救者在救援过程中发生意外；其二是河水状态提示功能，中国北方城市冬季河面易结冰，但随着温度变化和冰体结构的变化，人们无法有效判定河面行走的安全程度，而河流安全预警设施提供的传感器可以判定河面结冰的程度，以提示在冰面上行走的人们，防止发生意外。

社会与文化价值：从社会价值的角度分析河流安全预警设施，其设置体现了城市对个体的关怀，虽然大多数城市在河边会设置禁止野外游泳的标识，但是人们在河中游泳发生意外的情况还是存在，于是，在温馨提示的基础上，设计者建议提供相应的救援设施，并且规范救援方式以确保施救者与落水者的安全；如果城市在河边放置这类设施，可以更好地体现城市对个体安全的关注。

功能创新：河流安全预警设施的创新点众多，其一，在救生圈上增设安全绳索，当施救者带着救生圈游至救援位置后，可以启动救生圈上的返回按钮，随后该设施会启动绳索牵引装置，将施救者和落水者同时拉回至岸边，减少施救者游回岸边造成的体力消耗并降低发生意外的概率；其二，检测河水状态的感应器，可以通过 app 提示想要下水游泳的用户河水中隐藏的危险，以及河水的温度与流速，以确保用户安全；其三，针对中国北方城市冬季河面结冰程度进行安全提醒，也为当地居民和游玩者提供安全提示。

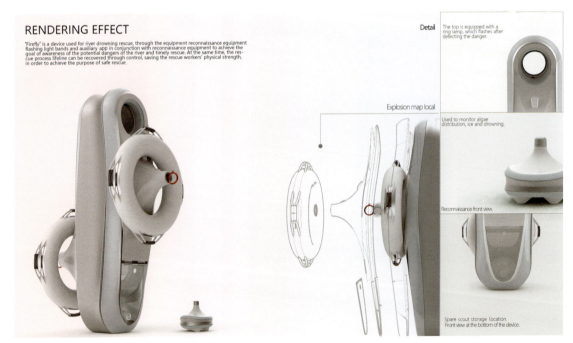

图 3-57　河流安全预警设施（一）　设计：陈妍

第 3 章　有形的城市公共服务产品设计案例　/　067

图 3-58　河流安全预警设施（二）　设计：陈妍

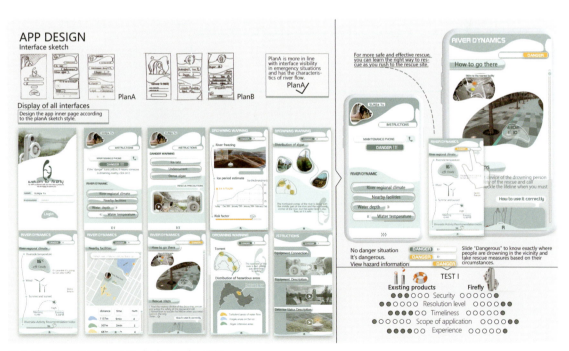

图 3-59　河流安全预警设施（三）　设计：陈妍

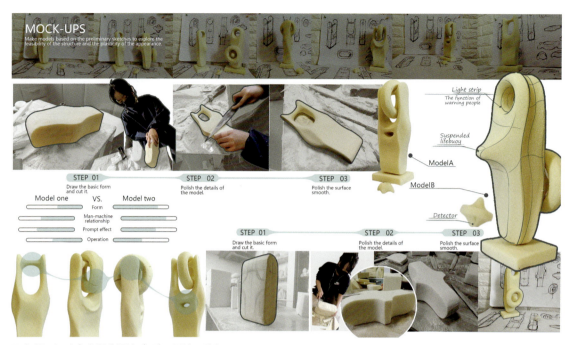

图 3-60 河流安全预警设施（四） 设计：陈妍

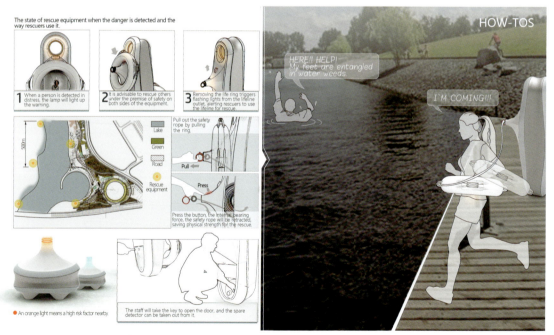

图 3-61 河流安全预警设施（五） 设计：陈妍

第 3 章　有形的城市公共服务产品设计案例　/　069

困难挑战：河流安全预警设施设计面临的困难较多集中在救援流程与实施步骤设置的有效性和高效性上，为了更好地进行安全救援规划，设计者实地考察多处救援训练基地并走访相关工作人员，对该设施的设计也进行了两轮的迭代，对救生圈的存放方式、取下使用的方式，施救者的救援方式等进行反复推敲，在此基础上优化出更便捷的救援方式；然而，更大的难点是增强人们的河流安全意识，因为即便提供更好的救援设施，设计者的初衷还是让相关事故的发生概率越来越小，所以，救援设施只能在必要时使用，而安全意识的增强才是解决问题的核心。

设计反思与优化计划：设计者对河流安全预警设施的设计反思集中于如何提高救援的效率，目前的救援方案是施救者带着两个救生圈以人力游至施救位置，对落水者进行救援；但如果落水者的位置较远，施救者的游泳技术欠缺，两个救生圈的阻力过大，就会导致救援的时效性无法保证，因此，在设计者接下来的设计迭代中，如何进行救援规划，既是下一步的设计重点，也是设计能否落地执行的关键衡量标准。

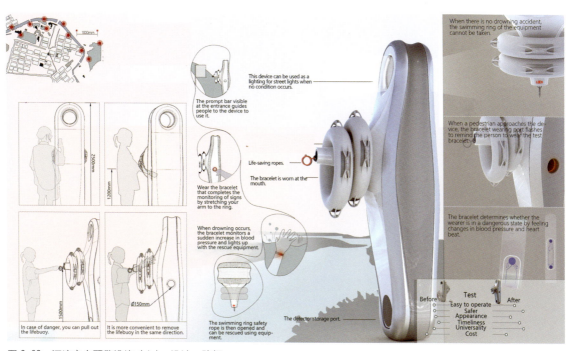

图 3-62　河流安全预警设施（六）　设计：陈妍

3.12 幽门螺杆菌检测设施

设计陈述：设计者将检测设施普及化、连锁化，分为科普、线下检测、线上查询、辅助治疗四大板块；幽门螺杆菌检测设施（图3-63～图3-69）的原型设计需要吸引用户检测，所以线下检测设施需要外观引人注目、功能清晰明了，并且需要让用户体验其中的交互感，交互方式主要分为两种——首先是使用方式的交互，其次是情感上的交互；幽门螺杆菌检测设施还被分为两大区域，分别是展示宣传区和检测区，展示宣传区包括动画区、LED屏幕及二维码（动画区主要为用户提供幽门螺杆菌的科普动画），检测区包括领取药片、领取集气瓶、集气瓶投放及步骤说明4个部分。

社会与文化价值：由于幽门螺杆菌的主要传播方式为口与口传播，设计者对还没有感染幽门螺杆菌的用户采取的保护措施主要针对这种传播方式展开，以设计来提供更健康科学的生活用餐方式、更便利的检测设施，以推广的手段呼吁更多用户自愿、自觉关注幽门螺杆菌的防治，同时在不改变人情感中的聚集、群体意识的前提下，设计辅助防治的分餐餐具，让用户反思自身的健康问题并作出改变。

功能创新：用户通过幽门螺杆菌检测设施的宣传，自行选择检测地点，扫码体验检测流程，等待后在手机上查看检测结果，若结果显示已感染幽门螺杆菌，用户还可以查看进一步的治疗方案，以及购买配套分餐餐具；基于情感的餐具通过私人餐具与公共餐具结合的形式，被赋予与检测设施相同的设计语言，使"检测+预防"成为系列化产品的特色，从而让用户更好地接受和便于使用。

困难挑战：分餐制的实行仍然困难重重，设计者推测有以下几个方面的阻力——首先是国内文化阻力，中式的餐桌往往与和谐美满的场景并存，对中国人而言，这种追求团聚、热闹、宾至如归的文化形式在短时间内很难转变；其次是用户习惯阻力，中国合餐制历史悠久，用户习惯一时间很难改

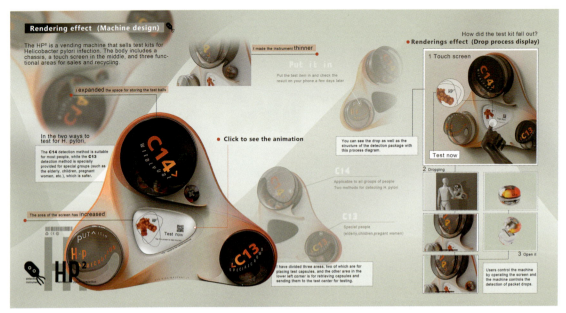

图3-63 幽门螺杆菌检测设施（一） 设计：曹耕晨

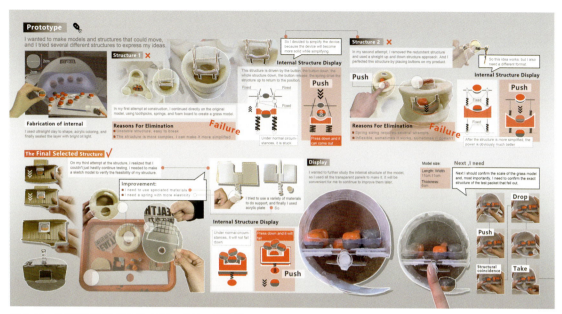

图 3-64　幽门螺杆菌检测设施（二）　设计：曹耕晨

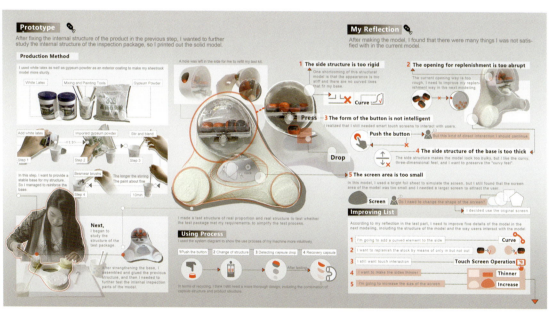

图 3-65　幽门螺杆菌检测设施（三）　设计：曹耕晨

变；再次是中国烹饪工艺阻力，中国传统饮食重视菜肴的形状和整体美感，在进食的节奏上也有特定要求，这导致分餐制的实行存在一定困难。

设计反思与优化计划：设计者在明确幽门螺杆菌检测设施的程序方案后，对原型的外形吸引力、视觉引导力、人机操作便捷性、程序可玩性及功能明确性进行增强；同时，为了验证程序方案的互动性及合理性，建立模拟程序跳转页面并进行用户测试，在此过程中通过测试3个原型，吸取用户意见，以便对程序方案进行下一步的迭代；在下一步的迭代中，设计者需要将系统的分餐餐具设计简化，让其与幽门螺杆菌检测设施在语义上更融合，通过模型使菜夹上指套的使用方法更加明确，便于用户使用；此外，还要确定分餐餐具的尺寸与比例，完善分餐的宣传媒介设计。

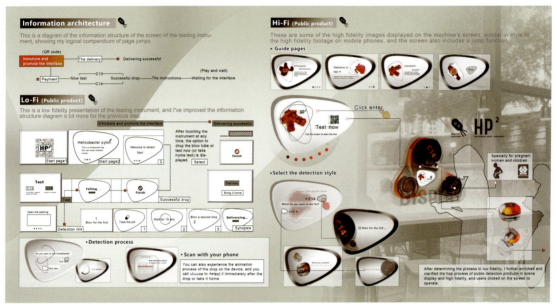

图 3-66　幽门螺杆菌检测设施（四）　设计：曹耕晨

图 3-67　幽门螺杆菌检测设施（五）　设计：曹耕晨

第 3 章　有形的城市公共服务产品设计案例 / 073

图 3-68　幽门螺杆菌检测设施（六）　设计：曹耕晨

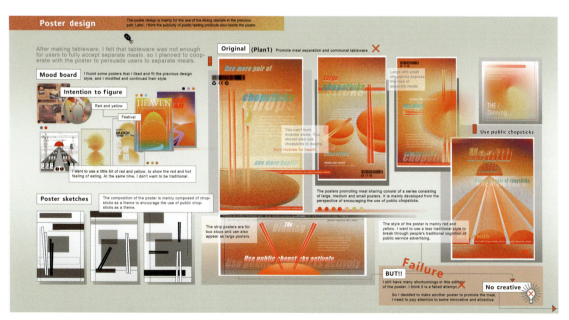

图 3-69　幽门螺杆菌检测设施（七）　设计：曹耕晨

3.13 失业者的临时办公空间

设计陈述：社会设计多关注生活中不同群体面临的现实问题，家庭的经济压力、社会的眼光导致许多失业者选择隐瞒实情，即便无事可做，也要假装按时上班和下班；失业者的临时办公空间（图 3-70～图 3-76）以低廉的价格为失业者提供寻找新工作的过渡场所，它可以被设置在城市的中心地带，方便失业者前往应聘地；同时，以模块化、单元化的形式，促进失业者之间的交流，互换信息或相互鼓励。

社会与文化价值：失业者的临时办公空间设计体现了较强烈的社会人文关怀，通过设施的布设展示了城市对困难群体的关注，展示了设计的善意和"以人为本""与仁为伴"的精神；未来的社会设计与社会创新项目将聚焦于生活中的细节问题，在微观层面为个体、特殊群体制定更具落地性的设计服务。

功能创新：失业者的临时办公空间设计的一个创新点是以单人使用为尺度，每个单元对空间尽量做到高效利用，在有限空间中提供多个工作中会使用的模块，来确保失业者在其中安心、舒适地工作；另一个创新点是失业者的临时办公空间涉及建筑废料的回收和再利用，以降低成本，不会造成新的资源消耗，其主体框架来自废弃的建筑木材与金属板材，通过标准件组合连接完成，这样不仅能够减少前期人力、物资投入，也能够为后期以低廉的价格出租给失业者提供条件。

困难挑战：通过对失业者进行访谈，对企业人力资源部门人员进行走访，设计者认为单纯提供临时办公空间还不能解决失业者的实际困难，还需要通过联合就业平台和求职网站，来营造更好的就业、创业环境。

图 3-70　失业者的临时办公空间（一）　设计：王颖莹

第 3 章 有形的城市公共服务产品设计案例 / 075

图 3-71 失业者的临时办公空间（二） 设计：王颖莹

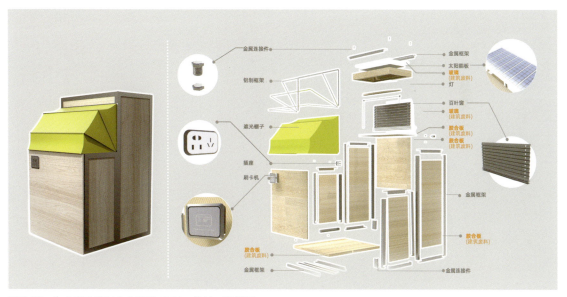

图 3-72 失业者的临时办公空间（三） 设计：王颖莹

设计反思与优化计划：对失业者的临时办公空间设计的反思会集中于产品设计与目标群体之间的心理互动，如何在失业者之间普及此项服务，如何证实服务能够被群体接纳并获得良好的使用体验，这些设计要点都需要在设计测试中加以评估，并且作为设计优化的出发点，在接下来的设计中加以执行。

图 3-73 失业者的临时办公空间（四） 设计：王颖莹

图 3-74 失业者的临时办公空间（五） 设计：王颖莹

第 3 章 有形的城市公共服务产品设计案例 / 077

图 3-75 失业者的临时办公空间（六） 设计：王颖莹

图 3-76 失业者的临时办公空间（七） 设计：王颖莹

3.14 海藻材料的培育中心

设计陈述：海藻材料可被分为两类材质——类皮革材质与类板材材质，其中，类皮革材质具有一定的韧性，相较于普通皮革材质较薄，具有一定的透光性，适合与灯光结合；类板材材质不易塑膜，在保证其添加"绿色原料"的基础上也会产生裂痕，不易形成曲面流畅的产品；用户可以通过"海藻皮革"和"海藻板材"组合拼接的形式参与海藻产品设计，因此选择制作海藻产品的普遍方法将是产品的设计重点；根据上述提到的材料特性，设计者可以用海藻材料制作小型灯具和拼接式收纳用具等。

社会与文化价值：设计者将参与式设计理念融入材料创新实践是想鼓励更多城市居民加入环保事业，以此拉近人与产品、人与自然、人与人的距离；以海洋废物资源为研究目标，通过一系列相关实验将其运用于产品材料与外观设计，并且融入参与式设计理念，为用户提供多方位参与材料制作的空间，即海藻材料的培育中心（图 3-77～图 3-81），利用设计手段提高绿色材料设计的社会参与度。

功能创新：海藻产品以居家小产品为主，用户可根据自身需求在小程序中参与模型绘制和海藻材料选择，之后亲自动手参与海藻材料的组合拼接；用户可以把经过海藻溶液浸染的棉绳作为海藻材料的连接物和海藻产品装饰，以抽拉绳结的方式展现海藻产品展开与折叠后的两种基本形态；设计者将海藻材料与参与式设计理念结合进行研究，说明了"可持续材料设计"与"参与式设计"在相互作用中可以更好地激发用户保护自然资源的意识并建立与产品的情感联系。

困难挑战：近年来，许多海滩被棕色海藻覆盖，这是气候变化所致；许多沿海城市作为旅游度假胜地，总会吸引很多外来游客，但每到五六月份，海藻泛滥频发，2019 年的坎昆"全民反海藻实践"即由此而来；海藻泛滥导致海滩被污染，这对城市居民和政府都是一种困扰，而海藻材料的回收利用可在一定程度上"变废为宝"，通过"废物利用"的方式降低处理海滩垃圾的成本。

图 3-77　海藻材料的培育中心（一）　设计：陈妍

第 3 章　有形的城市公共服务产品设计案例　/　079

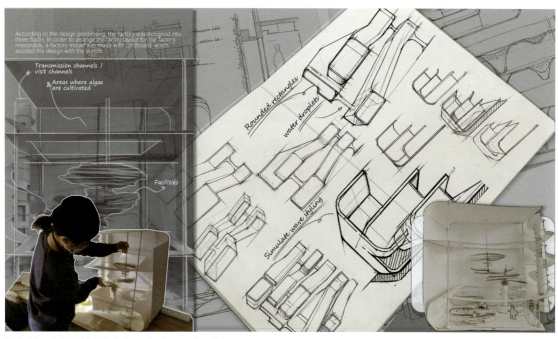

图 3-78　海藻材料的培育中心（二）　设计：陈妍

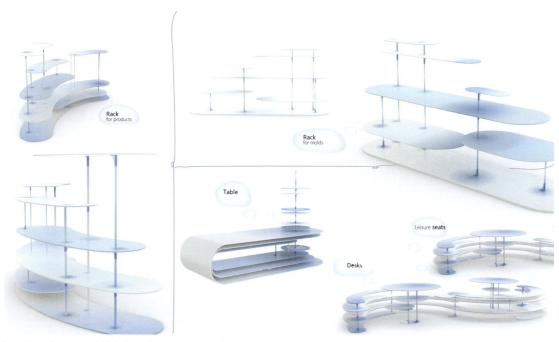

图 3-79　海藻材料的培育中心（三）　设计：陈妍

设计反思与优化计划：设计者通过系统设计，并且计划与科学领域的研究人员合作，对当地现有的海洋废物资源进行再处理和再使用，制作出融入海滨文化的产品，与当地沿海商店、酒店等公共场所协商推广产品，形成当地城市的特有风格；之后 3 年内将与当地政府合作建立海洋废物资源处理工厂，并且让线上和线下用户参与产品制作流程，提高社会参与度，在拉近当地居民与产品的距离的同

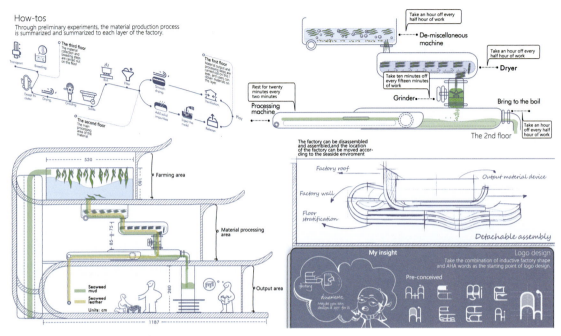

图 3-80　海藻材料的培育中心（四）　设计：陈妍

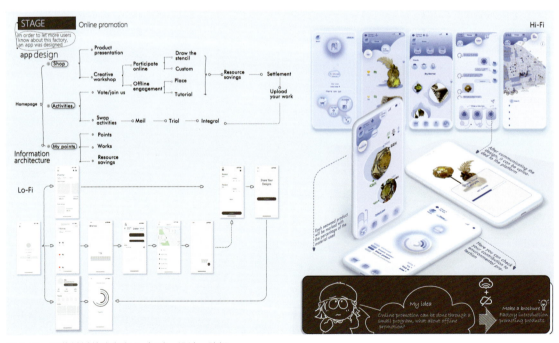

图 3-81　海藻材料的培育中心（五）　设计：陈妍

时，发挥社会多群体、多领域的智慧，让更多用户切实参与绿色事业；在 5 年内计划将产品制作流程进行大范围的推广，让其作用于多个沿海地区；由于每个地区历史文化不同，制作的产品和用户参与方式也不同，设计者在拉动沿海经济的同时，可促进各具特色的地域文化产品的出现，通过 app 呼吁居民保护环境，丰富其精神世界；而设计者在未来将以激发社会多群体参与环保实践为目的，与多领域的研究人员一起进一步探索更多自然废物和人为废物资源的再利用的可能性。

3.15 家庭装修工具共享系统

设计陈述：对于城市社区居民来说，装修后大量的装修工具成为闲置资源，放置于家中又占据空间，最后大多数人选择将其丢弃；家庭装修工具共享系统（图3-82～图3-84）围绕这个问题尝试给出解决方案，其中的设施可以设置于社区的公共活动空间，利用共享设计的理念，对装修工具进行可持续利用，鼓励居住在同一社区的居民将装修后家中闲置的装修工具放入设施，这样可以完成一次资源共享，也可以增进社区居民的互动与联系。

社会与文化价值：家庭装修工具共享系统的社会价值在于实现生活资源的可持续利用；根据可持续城市的发展定义，可以确定的是，在一定的社会经济条件下，在城市生态系统服务不断提高质量的前提下，具有可持续能力的城市能够为其居民提供持续性的福利；可持续城市的基本标准之一是鼓励个人作为消费者承担生态责任，由此引发出的思考包括如何解决城市过度消费或一次性消费所导致的资源浪费问题。

功能创新：在功能设置方面，家庭装修工具共享系统通过实体交互系统，帮助用户与资源提供者更加便捷地交互，通过简单的界面操作，就可以完成装修工具的存放、租赁等任务；在情感叙事方面，家庭装修工具共享系统试图通过服务和体验增强共享装修工具用户之间的联络，从环境友好城市、社区与个人价值、和睦邻里的角度鼓励居民参与到社区闲置资源共享活动之中，并且让每个居民都体会到分享与收获所带来的快乐。

困难挑战：解决设施与用户的人机交互问题，通过设计信息架构设置与设计测试来确保服务流程设置的有效性与高效性，让用户乐于参与设施交互，是设计中的挑战，也是设计创新的机遇；同时，对设施铺设地点的选择也很关键，这决定着设施能否被用户发现，能否引发用户的共鸣，并且自发地对设施进行宣传推广，让更多人参与到闲置资源共享活动之中。

设计反思与优化计划：设计者将从更为宏观的角度，思考可持续城市的未来情景，包含功能、情感、人文、经济等维度的可持续发展；从情感叙事的角度，激发城市居民的创造热情，让居民和管理者共同参与城市的建设。

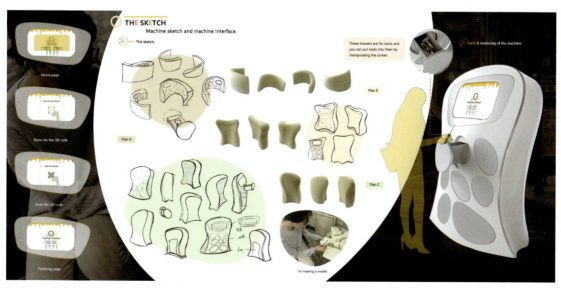

图3-82　家庭装修工具共享系统（一）　设计：吴雨航

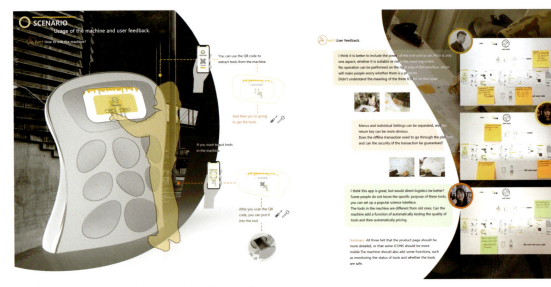

图3-83 家庭装修工具共享系统(二) 设计：吴雨航

图3-84 家庭装修工具共享系统(三) 设计：吴雨航

3.16 鱼鳞材料沿海公共设施

设计陈述：鱼鳞材料沿海公共设施（图3-85～图3-89）的设计者利用材料生态学的研究结果，通过系列化、模块化的再生式设计，将常见的海洋垃圾转化成可降解生物材料并将其应用于沿海公共设施；用以鱼鳞为主要成分的可降解生物材料制作的沿海公共设施是人造产品参与海洋生态循环的试验，以及为沿海城市群构建特色旅游景观的设想，最终达到缓解海洋污染并鼓励居民共同参与制作环保的沿海公共设施的行动中来的目的。

社会与文化价值：在设计和制造领域，以及当产品到期即将废弃时，设计者要充分衡量人类现有资源与自然环境生态等因素；可降解生物材料与环境的兼容性极强，是一种具有特定功能和品质的材料，当可降解生物材料被应用于不同情境时，具有安全的使用性能，它将最大限度地减少对资源的浪费、对环境的污染并对用户的身体健康负责；研究可降解生物材料将对缓解资源的供不应求、环境污染等连锁问题和促进现代社会可持续发展起到重要作用。

功能创新：鱼鳞材料沿海公共设施的样本材料成分绝大多数来自鱼鳞等海洋鱼类自身资源，当它降解后会为海洋中的底层生物提供基础的养分，进一步为海洋鱼类等海洋生物提供食物，从而参与到整个海洋生态循环之中；设计者在结构上采用模块化设计思路，以海浪的形态为基础设计语义，根据语义为沿海公共设施设计出4种可随意组装的条形模块，以此来尝试构建一系列沿海公共设施的特色形态，先将4种模块组合拼装以达到最佳效果，从而生成沿海公共设施的基础骨架，再根据基础骨架的起伏节奏重新设计样本材料的模块组成和拼接方式，以实现二者结合。

困难挑战：沿海地区在旅游旺季污染较为严重，而且大部分人的环保意识并没有被真正唤醒；然而沿海公共设施是沿海地区具有代表性的地标，目前中国及一部分沿海发展中国家对沿海公共设施的环保性的考量不足，并没有开发利用它们的社会宣传价值；因此，可降解的生物材料与沿海公共设施的结合可较为直接快速地唤醒人们的环保意识，同时可减轻海洋污染。

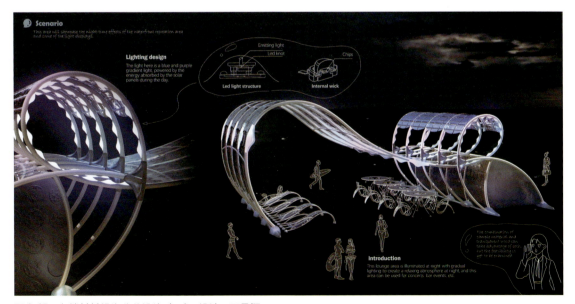

图3-85　鱼鳞材料沿海公共设施（一）　设计：王思颖

设计反思与优化计划：由于设计者对建筑学、空间布局和人机工程学理论研究尚未深入，鱼鳞材料沿海公共设施的一系列性能，包括实际的稳固性、舒适度、工艺难度及使用寿命还有待考量和进行更深层次的测试和研究；面对越来越严重的海洋污染问题，开发设计出能够自行参与海洋生态循环

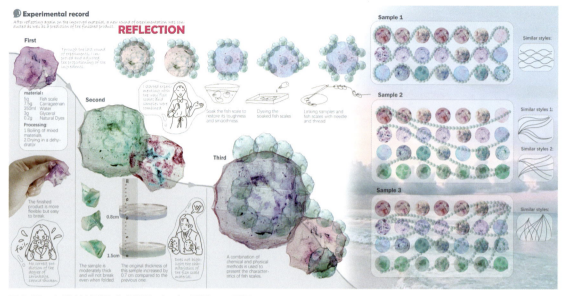

图 3-86　鱼鳞材料沿海公共设施（二）　设计：王思颖

图 3-87　鱼鳞材料沿海公共设施（三）　设计：王思颖

第 3 章　有形的城市公共服务产品设计案例　　/　085

的可降解生物材料并广泛应用于各类产品是未来发展的趋势和研究的热点；而具有特点和创新度的沿海公共设施开发是将海洋文化内核和产品设计融合，重点凸显产品的独特性、实用性、环保性等特征，这无论是对可持续设计领域，还是对旅游服务设计的发展都有促进作用。

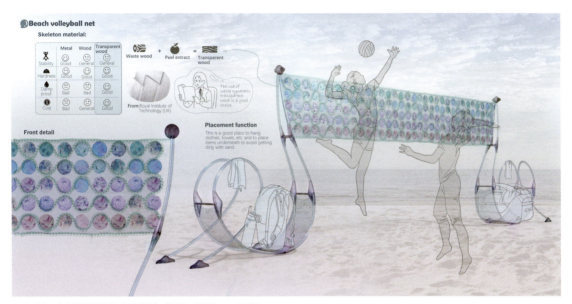

图 3-88　鱼鳞材料沿海公共设施（四）　设计：王思颖

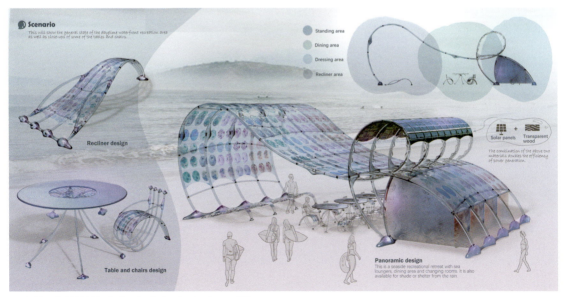

图 3-89　鱼鳞材料沿海公共设施（五）　设计：王思颖

3.17 资源可持续公共水池

设计陈述：资源可持续公共水池（图3-90～图3-94）可以同时提供3个功能，即用户喝水、洗漱、动物饮水，促进水资源的循环利用；用户使用后的水资源通过公共水池预设的管道向下流动，到达公共水池底部，经简单处理后可以用作动物饮水，水池上的绿植也是通过循环利用的水资源进行浇灌。

社会与文化价值：资源可持续公共水池不仅可以更节约、更合理地利用水资源，而且更深远的社会意义在于，通过产品的使用方式引导用户关注水资源的保护问题，进而使更多群体的意识觉醒，以水资源为先例，继续思考对更多公共资源的节约与保护。

功能创新：资源可持续公共水池的创新之处在于对水资源进行了细致、合理的分配与利用，同时，也体现了设计对人、动植物的关爱；"一物多用"的理念在设计创新中经常被运用，资源可持续公共水池的造型设计采用流线型，通过有机曲线将几个功能串联在同一形体中，并且形成统一的整体，具有曲线美感的同时，可以成为城市公共区域的亮点，更容易被居民接纳和使用。

困难挑战：资源可持续公共水池的设计挑战在于如何拓展水资源的使用机会和循环利用的空间；设计者参考合理利用水资源的设计案例，其中的一款生态厕所，将洗漱用水收集在水箱中，当用户如厕时，可以利用收集的洗漱用水冲厕所，进而达到一水两用的目的；以此设计为蓝本，设计者在此基础上设计的资源可持续公共水池，尽可能地整合更多实用功能，让水资源实现3次利用，甚至是4次利用。

设计反思与优化计划：设计者对资源可持续公共水池设计的反思集中于用户对这种水资源利用模式的接纳程度，以及产品中预设的水资源的循环利用系统能否顺利实现对水资源的多次利用，这需要在产品原型中进行测试与迭代，以证实产品的合理性；未来，资源可持续公共水池也许会设置互动性更强的节水装置，让更多的用户能够参与节水和循环利用水资源，实现对水资源的保护。

图3-90　资源可持续公共水池（一）　设计：张巧彤

第 3 章　有形的城市公共服务产品设计案例　/　087

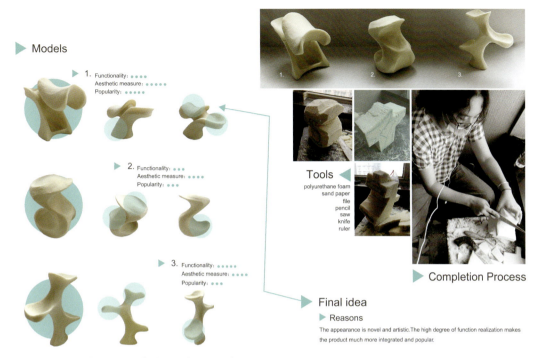

图 3-91　资源可持续公共水池（二）　设计：张巧彤

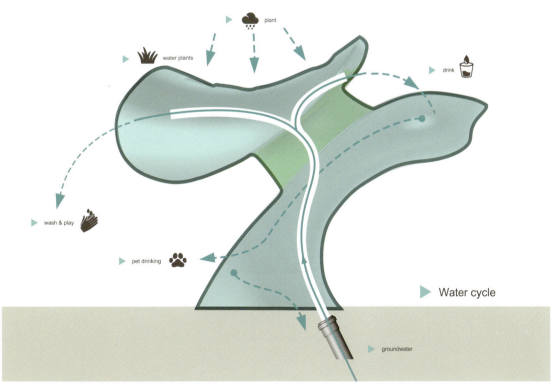

图 3-92　资源可持续公共水池（三）　设计：张巧彤

图 3-93　资源可持续公共水池（四）　设计：张巧彤

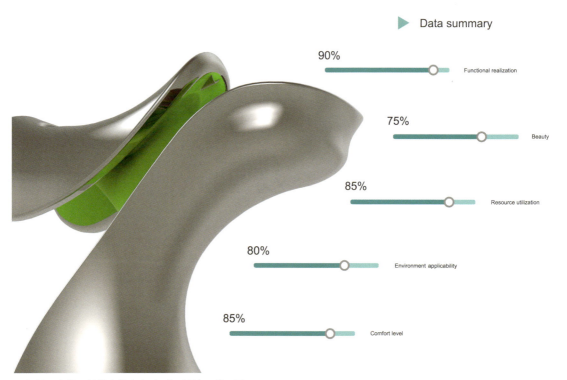

图 3-94　资源可持续公共水池（五）　设计：张巧彤

3.18 轮椅者沙滩步道

设计陈述：轮椅者沙滩步道（图 3-95～图 3-97）的设计者基于对轮椅者户外行动的观察，发现在几种环境下，路面会阻碍轮椅自由移动，沙滩环境就是其一；沙滩能够使人们身心愉悦，然而，在沙滩看海对轮椅者而言非常困难，以往的设计者尝试对轮椅的轮子进行改动，来实现轮椅在沙滩上的自由移动，但是这种轮子阻力较大，在正常路面上使用概率小，而且更换和携带都非常困难；于是设计者继续思考让轮椅者在沙滩看海的方案，设想铺设一条临时步道在沙滩上，方便轮椅驶向海边，而这条临时步道在不用的时候，也可以被收起来。

社会与文化价值：轮椅者沙滩步道的设计充满人文关怀，从社会设计角度思考困难群体的现实生活困境，以轮椅者出行为例，分析其出行过程中的多个触点，从细节处找出有待解决的设计问题，并且通过友善的、便捷的方式加以执行，以公共服务产品设计凸显城市的包容性。

功能创新：轮椅者沙滩步道的创新点是用便利的、可收纳的临时步道，满足轮椅者在沙滩看海的愿望；步道设施被设置在沿海道路的侧面，当轮椅者需要使用时，通过拖拽把手就可以将步道设施中的临时步道延展至海边，然后轮椅者可以顺着临时步道将轮椅移动至海边，欣赏美景后原路返回，再

图 3-95　轮椅者沙滩步道（一）　设计：刘华琛

按动步道设施上的按钮，临时步道会自动卷曲收纳到步道设施的预设空间之中。

困难挑战：轮椅者沙滩步道的设计困难在于轮椅者无法独自将临时步道延展开，所以，需要另一位参与者协助完成对步道设施的操作，如何实现无人化操作，将是下一步的设计挑战；此外，在延展临时步道后，如何不影响其他人游览海边景色，也需要设计者在设计中加以考虑。

设计反思与优化计划：对轮椅者沙滩步道的设计反思主要集中于从社会伦理的角度思考，设计的同情心和同理心会给目标群体带来哪些不同的反馈，建立同理心视角，摒弃同情心，会拉近设计者与用户之间的距离，并且让设计者在设计功能和预设使用流程的过程中，设身处地为用户考虑，以此设计出更加符合使用情境、使用目的的公共服务产品。

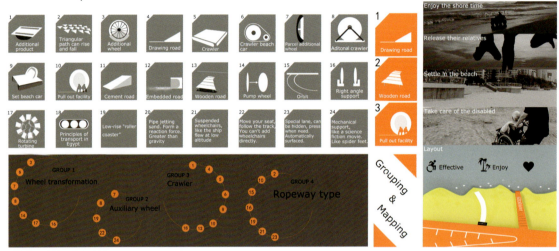

图 3-96　轮椅者沙滩步道（二）　设计：刘华琛

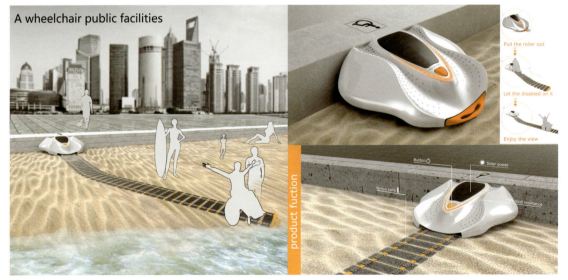

图 3-97　轮椅者沙滩步道（三）　设计：刘华琛

3.19 高速公路快速救援智能系统

设计陈述：设计者对高速公路救援系统的现状进行调研，分析现有医疗救援产品，针对其可优化升级的方面从两个角度进行阐述——一是针对移动方式增强设计的便捷性；二是针对折叠结构增强设计的可实现性，同时在形态的捕捉、材质的考究及色彩搭配融合等方面不断完善设计（图3-98～图3-103）。

社会与文化价值：相比于直升机救援需要紧急联系飞行员及医护人员，高速公路快速救援智能系统选择使用无人机，内含GPS，救援人员可通过全方位摄像头进行手动调控，使用极为方便；型号相符的无人机与移动手术舱磁吸相连，飞行至事发地点后，无人机可选择原地等待或携带其他物品飞回；移动手术舱通过合理化结构自行展开，用时极短，全部展开后完成5G网络连接，而所弹出的大屏幕便于医护人员与救援人员远程沟通，当救援人

图3-98 高速公路快速救援智能系统（一） 设计：葛乃铷

员撤离移动手术舱，舱内自行消毒后，CT机开始对伤者进行扫描，将数据及影像实时传送给另一边的医护人员，医护人员查看后通过操控手术机器人对伤者进行远程抢救。

功能创新：5G技术的普及将使全国各地的联系更加紧密，远程操控手术机器人完成手术的技术已然成熟，移动手术舱搭配无人机将有很大的发展空间及广阔的市场前景；而市面上多数大型野战医院是针对大批量伤亡人员的，设计感较弱，灵巧性较弱，适用场景也较为单一，对此，高速公路快速救援智能系统对移动方式及折叠结构进行了创新，尤其针对偏远地区高速公路的交通事故进行医疗急救方式创新。

困难挑战：中国一些偏远地区医疗条件有限，给实施急救手术带来困难；移动手术舱主要应用于偏远地区高速公路的事故现场，高速公路快速救援智能系统在接到事故信号后，会根据需要选配合适的无人机及移动手术舱，让其抵达事发现场；如果有需要，医护人员还会远程指导救援人员在移动手术舱中取出需要的药物或工具，之后通过操控手术机器人进行急救手术。

设计反思与优化计划：针对实际情况中折叠结构复杂、材质选用不合理、造型缺乏美感、色彩生硬的救援系统，设计者提出的高速公路快速救援智能系统改进了现有救援系统中只能先抢救，然后转移，最后手术的一系列步骤，使医护人员可以远程及时完成高质量手术；但在设计过程中发现一些想法过于片面、实施成本较高等问题，在遵循绿色设计和环境保护的前提下，力求让设计符合人机工程学，完善一系列医疗急救行为，最大程度挽救伤者。

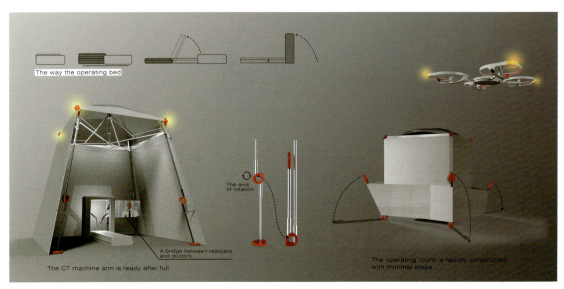

图3-99　高速公路快速救援智能系统（二）　设计：葛乃铷

第 3 章 有形的城市公共服务产品设计案例 / 093

图 3-100 高速公路快速救援智能系统（三） 设计：葛乃铷

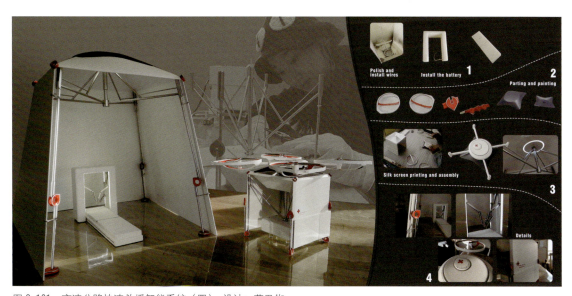

图 3-101 高速公路快速救援智能系统（四） 设计：葛乃铷

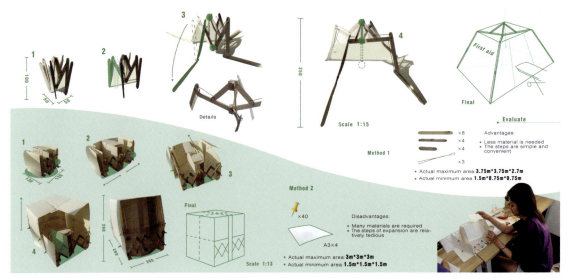

图 3-102　高速公路快速救援智能系统（五）　设计：葛乃铷

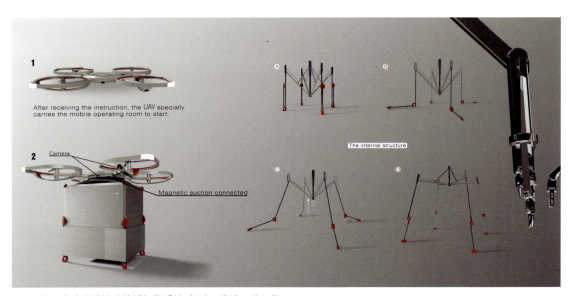

图 3-103　高速公路快速救援智能系统（六）　设计：葛乃铷

3.20 城市文化传承娱乐设施

设计陈述：城市文化传承娱乐设施（图 3-104～图 3-110）包括 3 种不同的互动方式，将城市文化与互动答题竞赛模式融合，在娱乐中让参与者了解城市的背景知识，加深对城市的了解和印象；设计者在调研中发现，通信技术与个人移动端的普及应用，让人与人之间的实体交互机会减少，这个系列的设计希望通过公共娱乐设施在城市中心地带的铺设，让更多居民可以参与实体交互的情境，减少在城市生活的孤独感，以及来自生活和工作中的压力。

社会与文化价值：城市文化传承娱乐设施的文化价值比较显著，它预设两人竞技模式，例如，两人同时就城市相关历史文化进行答题，答题正确且速度更快的一方，将优先到达终点并获得系统给予的奖励；这样的城市文化宣传方式更具参与性，更能调动人们的参与热情和积极性，为城市文化推广，提供了可效仿、可推广、可拓展的设计模式。

功能创新：城市文化传承娱乐设施的设计创新点在于将娱乐互动功能与公共服务结合，增加竞赛机制鼓励参与者交流，同时，将城市文化知识融合到互动游戏之中，让城市的人文要素加以传承；在游戏设置上，划分出简单、中级和较难的游戏等级，参与者不但要进行界面答题，还要身体力行地参与竞技，充分发挥主观能动性并通过游戏竞技获得成绩。

困难挑战：设计中最大的挑战是如何吸引初次参与者，如何通过设计语言获得参与者的认可和共识，这需要设计者对设计的交互系统进行反复推敲，来确保交互系统的可执行性，且交互系统不能过于复杂，否则会降低对参与者的吸引力；此外，如何吸引参与者多次使用，每一次都能获得新鲜感和趣味，需要设计者不断更新游戏环节，并且将城市文化知识更自然、生动地融入其中。

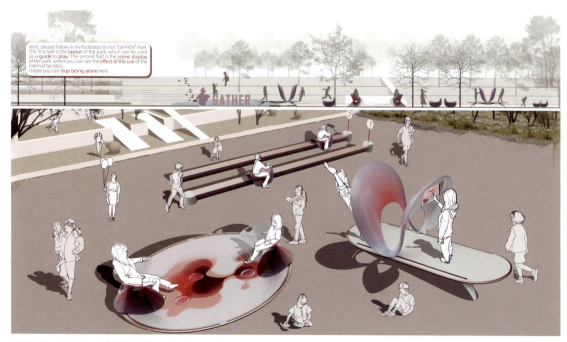

图 3-104　城市文化传承娱乐设施（一）　设计：鄢然

设计反思与优化计划：对城市文化传承娱乐设施的设计反思聚焦于参与者对交互系统的反馈；除了优化设施上的交互界面，设计者还需要设计独立的app，更大范围地吸引城市居民和游客参与游戏，获得对城市文化的认知，以及感受人与人互动的快乐。

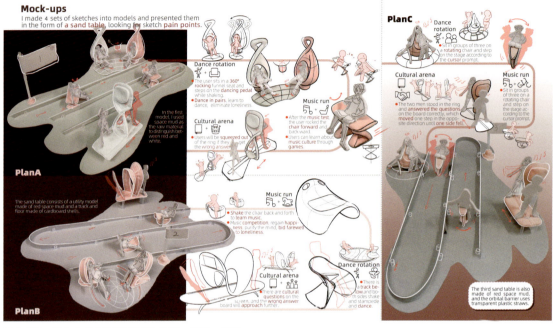

图 3-105　城市文化传承娱乐设施（二）　设计：鄢然

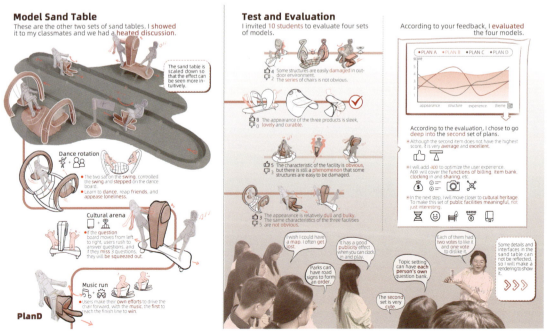

图 3-106　城市文化传承娱乐设施（三）　设计：鄢然

第 3 章　有形的城市公共服务产品设计案例　/　097

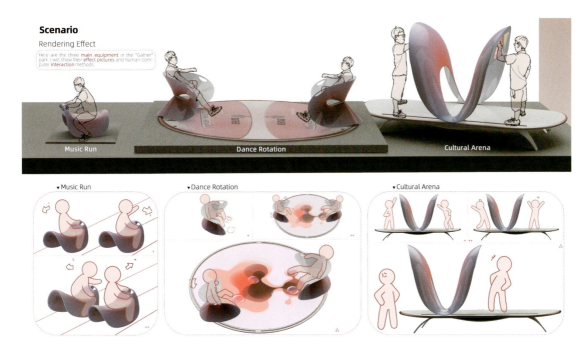

图 3-107　城市文化传承娱乐设施（四）　设计：鄢然

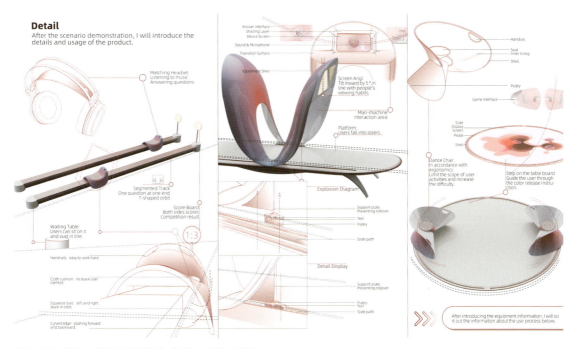

图 3-108　城市文化传承娱乐设施（五）　设计：鄢然

公共服务产品设计创新与实践

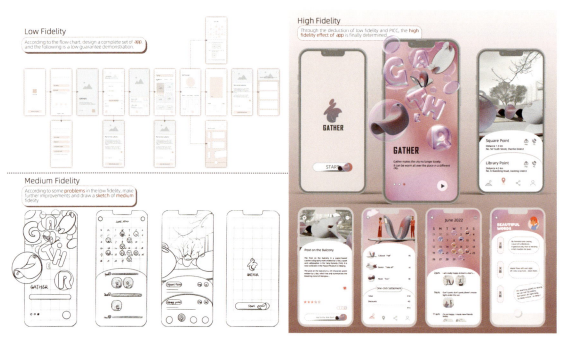

图 3-109　城市文化传承娱乐设施（六）　设计：鄢然

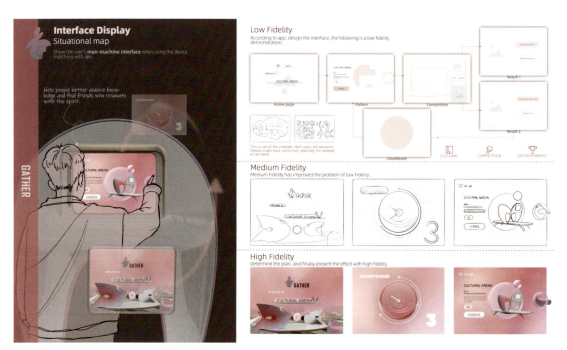

图 3-110　城市文化传承娱乐设施（七）　设计：鄢然

本章的设计案例体现了设计者对新的公共服务产品设计问题的关注，从群体需求的角度去思考公共服务产品的发展，让设计者获得更多创作与反思的机会。实际上，这种反思早在20世纪60年代就已经开始，美国著名设计师维克多·帕帕奈克（Victor Papanek）对仅从视觉刺激出发的设计提出了严厉的批评，他提倡针对社会公共功能需求而设计的"真正的、有意义的"产品应更多地出现在未来生活之中，并且身体力行地专注于困难群体。同样，"为另外90%的人设计"组织曾在设计师中发起了一场设计运动，希望设计师思考为什么"世界上最聪明的设计师都在为世界上最富有的10%的人设计酒标、高级时装和玛莎拉蒂"，进而呼吁设计师为另外90%的人设计低成本的生活解决方案，解决那些穷人和处于社会边缘的人士所面临的生存与发展的基本问题。这场设计运动促成了为大众设计观念的回归，理论上深刻影响到了整个社会对设计价值的重新思考。

第4章　无形的城市公共服务产品设计案例

公共服务产品设计在近10年遇到了前所未有的挑战，设计的重心已经从公共服务产品本身转向了其所产生的服务设计、信息设计、商业模式设计、生活方式设计等"非物"的层面，这种转变让人与公共服务系统产生了更加紧密的联系。同时，居民对城市发展所产生的公共社会问题的关注也在与日俱增，人的社会属性在公共服务产品的影响下被重构，从而衍生出很多新的社会问题。在这个过程中，设计者作为一个重要的构想者和实施者，如何平衡"个人的物质需要"与"社会的公共属性"，是需要从社会学和设计学层面进行深刻反思的。

4.1　边缘人士重返社会服务系统

设计陈述：边缘人士重返社会服务系统（图4-1～图4-5）以无形的公共服务设计为媒介，通过招聘类app、人员募集海报、志愿者线下公益培训课堂等系列活动，为重返社会的边缘人士提供公益培训和工作应聘平台；与市面上现有的招聘类app相比，它为边缘人士设置的工作类型更具社会包容性，通过多种体验方式降低边缘人士找工作的"门槛"，提升其开启新生活的热情和信心，拓宽边缘人士接触信息的渠道，体现城市、社区对特殊群体的关照，增强社会的稳定性。

图4-1　边缘人士重返社会服务系统（一）　设计：陈斯祺

第4章　无形的城市公共服务产品设计案例　/　101

社会与文化价值：边缘人士包括各种不同类型的人，如失业人员、残障人士、刑满释放人员、流动人员等，这些人的特点是他们生存基础薄弱，面临着多种问题和挑战，如生活、教育、就业、医疗困难等；边缘人士重返社会服务系统兼具社会创新价值与人文温度，加大对边缘人士的教育和职业技能培训力度，提升他们的就业能力和社会竞争力，同时，从意识层面促进社会各界对边缘人士的关心和关爱，进而通过多种渠道鼓励和引导边缘人士自主就业和创业。

功能创新：边缘人士重返社会服务系统的创新点在于为边缘人士提供岗前培训，而且相关的培训全部都是公益性质的；通过app在社会范围内招募培训教师，让通过考核的培训教师团队利用业余时间，以社区为单位，对边缘人士进行相关的技能培训，经过一段时间后，再邀请相关工作单位对边缘人士的技能水准进行评价，获得优良评价的人员可以通过app的推荐找到合适的工作；此流程可以帮助边缘人士重建生活信心，自力更生，重返社会。

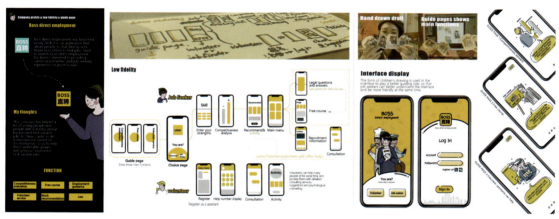

图4-2　边缘人士重返社会服务系统（二）　设计：陈斯祺

图4-3　边缘人士重返社会服务系统（三）　设计：陈斯祺

图 4-4　边缘人士重返社会服务系统（四）　设计：陈斯祺

图 4-5　边缘人士重返社会服务系统（五）　设计：陈斯祺

困难挑战：边缘人士某种程度上来说是由于各种原因而失去社会地位和生存保障的人，是当前社会中一个重要的群体；其规模是复杂的，因为这个群体的定义和分类非常广泛和多样化；由于经济和社会的快速发展，边缘人士的构成和规模也在不断变化，设计者需要根据具体的时代和环境条件进行研究和分析。

设计反思与优化计划：边缘人士存在的原因是多方面的，如社会制度、政策、经济发展水平、文化传统等，解决该问题需要从多个方面入手；除了前面提出的培训和工作保障问题，以下问题也需要在优化过程中加以考虑——其一，医疗问题，边缘人士往往因为缺乏医疗保障，无法得到及时有效的医疗救助；其二，住房问题，边缘人士往往生活在简陋、拥挤的环境中，居住条件差；其三，子女教育问题，边缘人士往往由于经济困难，无法给子女提供良好的教育资源。

4.2 碳排放可视化系统

设计陈述：二氧化碳的一个重要作用是储存热量，使地球表面能够维持一定的温度，确保各种生命的存在；然而，近几十年来，人类活动导致大量二氧化碳在大气层下积聚，加剧了温室效应，使全球气候显著变暖，这不仅严重影响着人类社会的发展，也对自然环境造成了广泛而深刻的影响；碳排放可视化系统（图 4-6～图 4-10）从个人践行减少碳排放行为入手，通过 app 检测个人每日、每月和每年的碳排放量，以个人减排来践行环境保护。

社会与文化价值：目前世界各国都在大力推行全民低碳活动，中国更是积极响应；全民低碳活动不仅可以为国家节省大量的资源，也能减少对环境的污染，而且在国家大力建设资源节约型和环境友好型社会等方面有很大的帮助，其关键在于发展低碳经济，一方面符合中国当前健康发展的要求，另一方面是可持续发展战略的必要条件；而低碳经济的发展，非常有利于推动整个国家的生态文明建设，促进社会经济的快速健康发展，使人民群众的生活质量得到提高。

功能创新：碳排放可视化系统的设计创新在于引发大众关注日常生活中不被关注或经常忽视的碳排放问题；正如 Netflix 公司意识到用户在其流媒体平台上观看一小时的内容意味着排放 55 克二氧化碳，相当于用微波炉做 4 袋爆米花产生的碳排放量；当用户进入 TikTok 或在 YouTube 上观看视频时，碳排放可视化系统就会增加数字碳足迹，通过 app 设计让用户可以每天关注自己的数字碳足迹，数字碳足迹是指使用信息和通信技术所产生的碳排放，包括设备本身（计算机、智能手机等）及通信的碳排放，尤其是互联网的碳排放。

困难挑战：碳是自然界中的一种基本元素，也是构成生命体的一种重要元素，碳循环是指碳元素在地球上的生物圈、岩石圈、水圈及大气圈中交换，并且随地球的运动循环不止的现象；尽管通过强化政策引导，为碳中和目标打好基础，但我国作为世界重要的发展中国家，在 2060 年前实现碳中和目标

图 4-6　碳排放可视化系统（一）　设计：于金卉

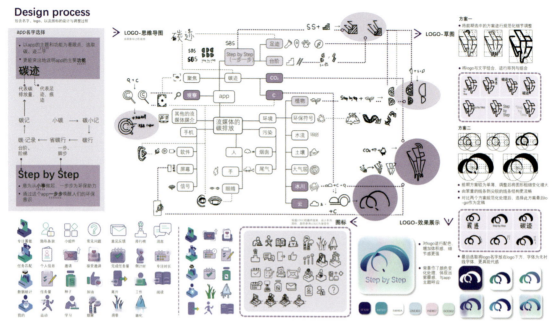

图 4-7 碳排放可视化系统（二） 设计：于金卉

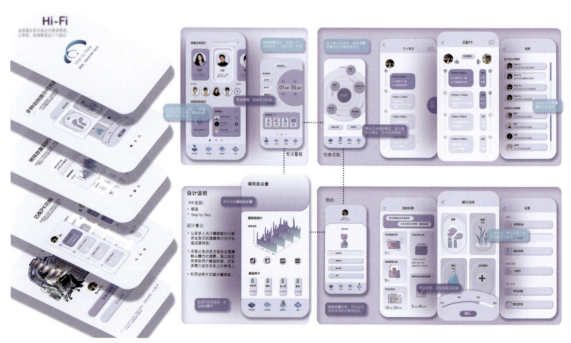

图 4-8 碳排放可视化系统（三） 设计：于金卉

第 4 章　无形的城市公共服务产品设计案例　/　105

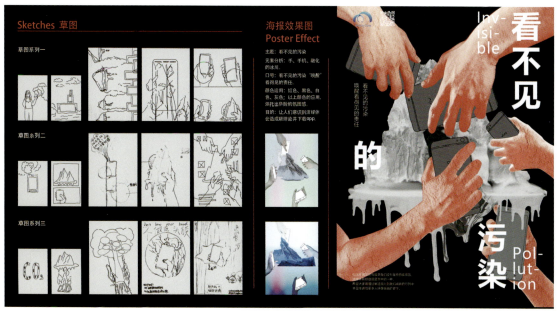

图 4-9　碳排放可视化系统（四）　设计：于金卉

图 4-10　碳排放可视化系统（五）　设计：于金卉

依然面临非常严峻的挑战，时间紧、任务重，需要付出更加艰苦卓绝的努力；因此，除了从国家、社会的宏观层面鼓励产业和企业节能减排，个人层面的碳中和意识觉醒，也应成为目标实现的关键一环。

设计反思与优化计划：对碳排放可视化系统的设计反思集中于如何向大众进行 app 的使用推广，进而引导大众对自己的碳足迹进行规范，以及建立相应的奖励机制，调动大众的参与积极性，让碳中和成为大家日常生活的一部分，并且积极主动地举办对环境的保护活动；以上计划将作为设计项目的优化和迭代部分，后续执行。

4.3 临终服务系统

设计陈述：临终关怀一词源于英文"hospice care"，也有国外专家将临终关怀表述为"end of life care"，其服务对象是生存期在 6 个月以内的患者，不仅包括终末期癌症患者，也包括其他疾病终末期的患者；以美国为例，接受临终关怀服务的患者只有 36% 是晚期肿瘤患者，还有 64% 的患者是其他疾病的终末期患者；临终服务系统（图 4-11～图 4-16）的目标群体不单是老年人，任何年龄段的患者，只要处于疾病终末期，都可以接受临终关怀服务，但是，设计者在调研过程中发现，从年龄结构来看，还是以老年人群为主，患者在该阶段大多失能且心理负担重，所以，设计者应更多地考虑无障碍与人性化设计。

社会与文化价值：从伦理角度来看，临终关怀是对生命的尊重和保护，人的生命是至高无上的，每个人都有生存的权利；但当生病并面临死亡时，有些人可能会忽略这一权利，自认为习惯于病痛，拒绝医护人员的关怀，这时就需要医护人员进行必要的介入，以保护这些人的生命尊严。

功能创新：临终服务系统的创新点在于提供相关关怀的同时，让被服务群体感到和平时没有太大区别，并且让其感到比过去生活得更方便；设计者充分考虑和利用人体工程学、医院管理学和医疗建筑设计、老年人建筑设计规范、老年人心理学、无障碍设计等，对临终关怀使用的服务空间和建筑中的基本尺度、病房、卫生间、公共楼梯与走道进行了系统化设计，还设计了一系列的招募海报，把服务与没有服务进行对比，让用户直观感受到临终服务所带来的温馨体验。

图 4-11 临终服务系统（一） 设计：孙玉萱

第 4 章　无形的城市公共服务产品设计案例　/　107

困难挑战：信息化时代讲究个性化发展，信息技术对医院来说就像水和电一样不能缺少，互联网让临终服务"插上翅膀"，更好地为患者服务；然而，患者群体以老年人为主，如何通过 app 或其他线上形式进行服务预约是主要挑战，建立成熟便捷的网络化信息平台尤为重要，包括电话预约、院内网络预约、现场预约、微信预约、支付宝预约等多样化预约途径，保证不同年龄段、不同患者群体在不同情况下能成功预约；除此之外，设计者还应革新护理机制，使医护人员通过信息化渠道实时跟踪了解患者病情及心理状况，准确快速地作出回应；通过建立医护人员的患友圈，实现患者与医护人员、患者与患者的互动；建立健康护理 app，与医护人员的手机绑定，在医院网络云端，医护人员可以及时掌握患者的各项数据。

设计反思与优化计划：临终关怀是指在患者生命的最后阶段，利用专业医护知识和技巧，对患者的身体和心理进行全方位的关怀，以缓解患者的痛苦，提高其生活质量；对项目的设计反思集中在患者受到临终关怀后的反馈，让患者不仅能缓解痛苦，还能感受到温暖和关爱，给予其更好的结束方式将成为项目的核心目标；同时，对于患者家人来说，在患者临终的时刻陪伴患者，是一种难忘的经历，可以使他们在患者离世后更好地面对悲伤，也更好地继承和弘扬家庭的人文传统。

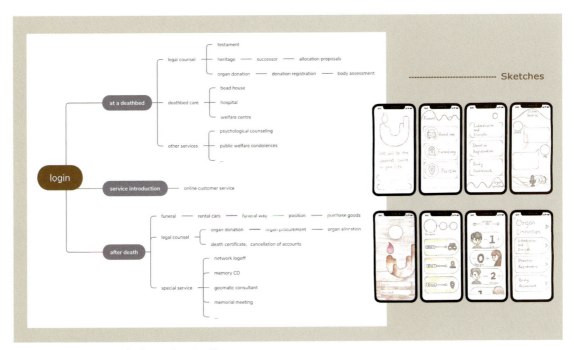

图 4-12　临终服务系统（二）　设计：孙玉萱

图 4-13　临终服务系统（三）　设计：孙玉萱

图 4-14　临终服务系统（四）　设计：孙玉萱

第 4 章　无形的城市公共服务产品设计案例 / 109

图 4-15　临终服务系统（五）　设计：孙玉萱

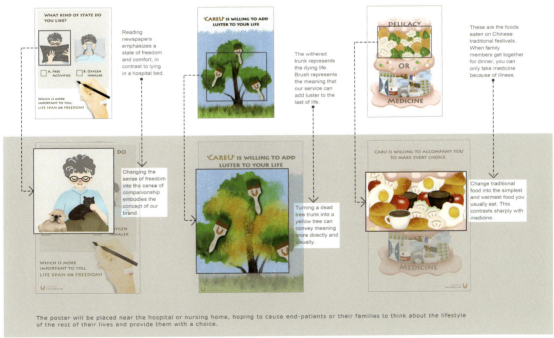

图 4-16　临终服务系统（六）　设计：孙玉萱

4.4 社区植物护理系统

设计陈述：社区植物护理系统（图 4-17～图 4-22）包含线上的植物养护指导、植物治疗与代养预约服务、社区植物主题活动预约参与等，以及线下的社区植物救治、植物寄养设施与工具提供服务等，其设计初衷是解决青年群体养植物过程中的问题，例如，植物生病后他们不懂得如何救治、不了解植物习性导致植物死亡、出差休假时植物无法得到护理、搬家时植物不便携带也无人可送等；面对这些问题，设计者以社区为单位，调动社区中的资源，对植物相关问题予以解决，并且调动社区中老年群体参与此项活动，加强了社区内不同年龄群体的沟通。

社会与文化价值：社区植物护理系统不仅可以解决青年群体养植物过程中的问题，而且以社区为服务主体，鼓励拥有养植物经历的老年群体加入此项活动，老年群体作为植物护理与救治的指导者，在为青年群体提供相关帮助的同时，也能更好地融入社会性活动，以缓解其经常感到孤独和价值感缺失的心理问题；可见，社区植物护理系统从现实问题出发，但在解决问题的同时，将关注点不断拓展，思考公共服务产品设计如何让更多群体获得友好的、温暖的身心体验，并且愉快地、善意地投入对自己、对他人有益的社会活动。

图 4-17　社区植物护理系统（一）　设计：毛欣怡

功能创新：社区植物护理系统的创新之处在于将青年群体养植物过程中的问题、老年群体参与社区公益活动、社区服务系统的功能拓展进行绑定，通过系统设置让三方均能通过植物护理这一中心事项获益；同时，社区植物护理系统的主导方社区工作者为养植物的青年群体提供可以治疗和寄养植物的公共区域，在这里青年群体和老年群体可以通过植物救治活动相互交流和学习，并且以此为起点，关注和持续参与社区组织的后续活动；社区植物护理系统的线上服务通过app来进行，青年群体可以在app上咨询护理、救治植物的方法，如果自己无法实施，可以把植物带至社区，在社区工作者的协同下，与老年群体共同完成植物救治，在此过程中社区可以提供救治植物所需的各种工具；此外，青年群体如果长时间离开家，还可以将植物送至社区看管，社区收取适量的服务费以协调人力和物力。

困难挑战：社区植物护理系统的设计挑战在于协调多方，以调动利益相关者参与的积极性，其主导方社区工作者要在整个项目中发挥至关重要的作用，通过这个项目意识到，社会性设计项目的核心已经从设计者向参与者转移，设计者负责对整个项目的流程进行规划，但是项目的执行和进展顺利与否，取决于项目真正的参与者和受益者；因此，如何将项目的经营权交付给执行者，并且指导执行者更好地通过设计媒介呼吁社会各界关注与参与，对整个项目而言，既是挑战，又是机遇。

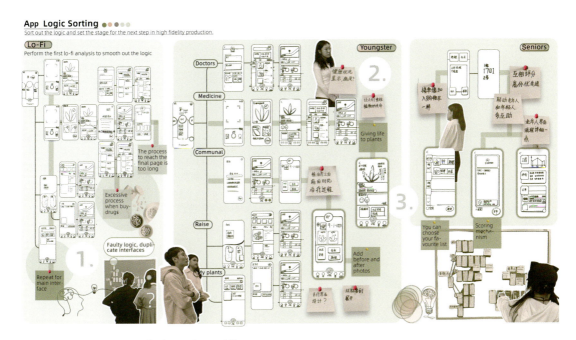

图 4-18　社区植物护理系统（二）　设计：毛欣怡

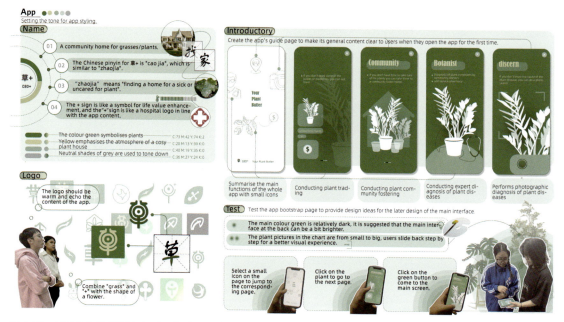

图 4-19 社区植物护理系统（三） 设计：毛欣怡

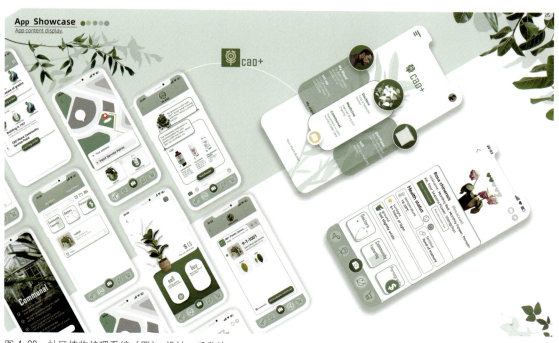

图 4-20 社区植物护理系统（四） 设计：毛欣怡

第 4 章　无形的城市公共服务产品设计案例　/　113

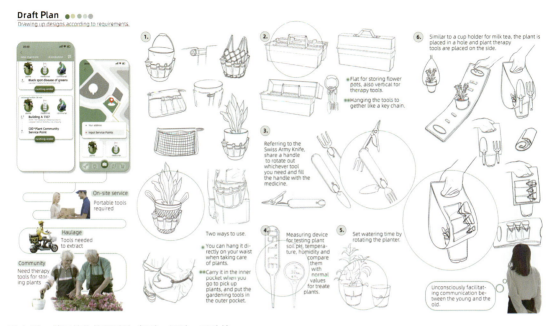

图 4-21　社区植物护理系统（五）　设计：毛欣怡

图 4-22　社区植物护理系统（六）　设计：毛欣怡

设计反思与优化计划：对社区植物护理系统的设计反思主要集中于获取利益相关者的体验反馈，通过社区工作者的积极调动与资源调配，让养植物的青年群体能够通过此项活动让植物得到更好的护理与救治，同时，让救治植物的老年群体通过对他人的积极赋能而体会到自身的价值，并且乐于投入社区活动，让生活变得多姿多彩；整个项目的核心思想是利他精神，设计者只有以此为目标履行各项优化服务，才能更好地在设计实施过程中获得更多的认同与支持。

4.5 儿童乡村文旅服务系统

设计陈述：许多生活在城市的儿童，从小接触的生活、学习环境比较单一，心智逐渐向低龄化过渡，导致心理疾病频发，包括多动症、抽动症、焦虑症、恐怖症、强迫症等，但是，大多数家庭对儿童心理疾病的认知有限，导致许多疾病没能得到适当的救治；此外，城市儿童视力减弱现象也比较严重，他们从小接触各种电子产品，如果无节制地使用，会导致近视等眼部问题，而许多家长认为一旦儿童出现此类问题，最好的解决办法是就医，却忽略了另一种对身心有益的体验方式，那就是亲近自然；儿童乡村文旅服务系统（图4-23～图4-29）通过一系列生动、有趣，且具有探索意义的乡村旅游活动，拉近儿童与自然的距离，让儿童获得身心放松，更加愉悦地成长。

社会与文化价值：城市生活有时会限制儿童的创造潜力，而家长和儿童一起外出可以让儿童最大限度地发挥自己的创造力，带着儿童去乡村旅游是鼓励、促进家长一起参与儿童教育的一种自然、友好的方式，同时，也是儿童和家长一起学习、一起发现、一起探索的好方法；当儿童在自然环境中游玩，把课堂上的经历和现实生活中的体验联系起来时，能感受到自然的广阔和乐趣，这样的教育过程具有良好的社会价值与参与意义。

功能创新：在乡村进行娱乐体验能给儿童带来幸福感，与封闭的空间不同，乡村实现了探索的自由，儿童置身于大自然，被绿色包围，有助于放松和降低压力水平，可见，大自然是缓解学校、家庭和社会压力的理想场所；儿童乡村文旅服务系统可以提供多条服务线路，其中，最受儿童和家长欢迎的是"寻找大鹅"——设计者以大鹅为故事的主角，通过服务组织方提供的画册，儿童可以在乡村中找到大鹅，了解它们的生活习性并和它们近距离互动，还可以购买鹅蛋等农产品，促进乡村经济发展；以寻找为线索的系列活动中，还包括"花生的一生""寻找土豆"等，儿童不仅可以通过亲身体验获得对这些动植物的了解，而且可以以游戏的方式探索乡村并获得有趣的奖励。

图4-23　儿童乡村文旅服务系统（一）　设计：王思颖

困难挑战：儿童乡村文旅服务系统的设计挑战包括两个方面，一方面是确保儿童在参与乡村体验时的安全，因为乡村环境具有不确定性，需要在儿童出行之前做好相关的培训，在家长或老师的陪伴下参与活动；另一方面是调动儿童和家长的参与积极性，许多家长自身工作压力大，没

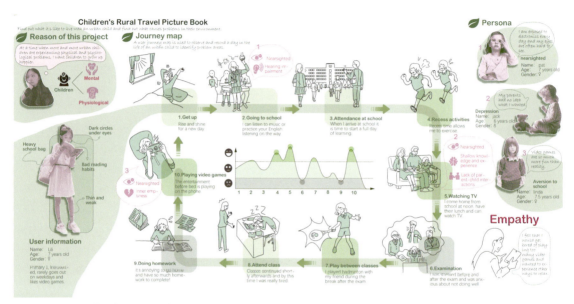

图 4-24　儿童乡村文旅服务系统（二）　设计：王思颖

图 4-25　儿童乡村文旅服务系统（三）　设计：王思颖

第 4 章　无形的城市公共服务产品设计案例　　117

有时间参与此类活动，导致儿童失望和情绪低落，因此，对游玩时间的合理规划，选择与目标城市较近且能够实现体验价值的地点，是设计者需要考虑的问题。

图 4-26　儿童乡村文旅服务系统（四）　设计：王思颖

图 4-27　儿童乡村文旅服务系统（五）　设计：王思颖

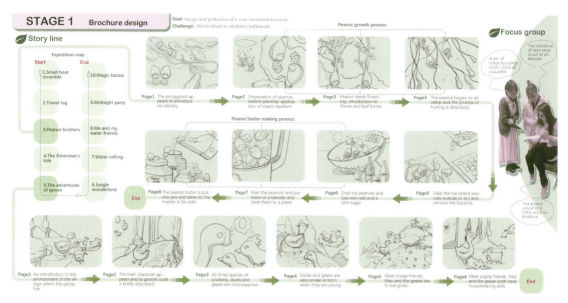

图 4-28 儿童乡村文旅服务系统（六） 设计：王思颖

图 4-29 儿童乡村文旅服务系统（七） 设计：王思颖

设计反思与优化计划：对儿童乡村文旅服务系统的设计反思主要集中于它能否在寓教于乐的过程中让儿童有所收获，儿童和家长一起去乡村是与其他同龄儿童互动的理想机会，有助于打破日常生活的单调；在大自然中，他们可以互相帮助，一起学习和解决问题，没有那些让儿童躲在人后的电子产品，他们就可以与周围的人互动，同时，一些户外无组织的玩耍所带来的自由可以教会他们合作、交朋友和一起创造新的游戏；未来，更多的公共服务产品将通过这样的方式，鼓励儿童积极社交、热爱自然。

社会责任是维克多·帕帕奈克在《为真实的世界设计》中讨论的核心,他主张研究具有创造性的、可持续的、安全的、跨学科的、跨文化的设计生产。既然设计承载着如此艰巨的社会责任,我们为什么不从社会学的角度去思考设计到底应该如何影响和参与社会实践呢?因此,本章所讲述的公共服务产品及相关产品设计,其基础就是尝试以人为中心的设计方法,这种焦点的转变可能带来设计目标在根本上的变革。满足真实世界的需求的设计已经成为 IDEO、Frog Design 等国际设计公司关注的重点,它们甚至专门成立了服务于"金字塔"底层人群的机构。以埃佐·曼奇尼(Ezio Manzini)为代表提出的"下代设计"可持续设计体系在全球协作网络的支持下成为一种可能的解决方案和愿景,为地域和本土文化设计的思潮已经从建筑领域延伸到公共服务产品等领域,人类多样化需求和全球化被放到同等重要的位置。在这种背景下,公共服务产品已经成为连接人与社会的基本单元和基本条件,这既是实现民主参与和利益协调、保障居民基本生活的基础,也是提供公共服务、改善生活体验、重建社会福利的基本途径。

第 3 部分 城市设计赋能策略

　　设计好比探险,设计者常常会进入没有地图的"海域",通常以关注当前市场、科技、用户的调研为起点开展"头脑风暴"、情景规划等活动,力求得到尽可能多的方案以覆盖各种可能性。设计者认为,从这些方案中可以找到最具竞争力、最稳妥的产品构想。但是,这种传统的设计流程与方法往往会让设计失去方向感和前瞻性,设计者投入大量时间尝试不同的设计方向,最后的设计成果可能会变得极端,要么只停留在对产品的局部改进上,要么运用了很多科技噱头却不受用户欢迎,甚至因频繁迭代而产生大量"过剩产品"。

第 5 章 公共服务产品设计工具

5.1 利益相关者地图

"利益相关者"是经济学中的概念,最早由斯坦福研究院于 1963 年提出,本指股东、债权人等可能对企业的现金流有要求的人。"利益相关者"概念可以分为广义和狭义两种。以 1984 年 R. 爱德华·弗里曼（R.Edward Freeman）在其出版的《战略管理:利益相关者方法》一书中提出的概念框架为基准,广义的"利益相关者"是指那些影响企业目标实现或能够被企业实现目标的过程影响的任何个人和群体;而狭义的"利益相关者"则基于企业的立场进行界定,是指企业为了持续生存必须依赖的个人和群体。服务设计中的大部分概念、工具和方法均来源于其他学科,尤其是管理学领域。服务设计中的"利益相关者"这一概念也是如此（图 5-1）。

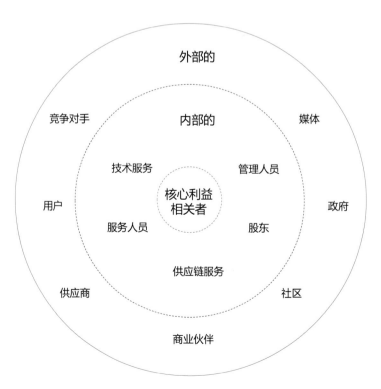

图 5-1　利益相关者地图示意

5.1.1 利益相关者地图内容

首先,利益相关者按最基本的服务生产与消费的逻辑,可分为服务提供者(生产者)和服务接受者(消费者)。其次,利益相关者按与组织(企业、机构或群体)的关系及是否享有企业所有权,可分为内部利益相关者和外部利益相关者,内部利益相关者是指经过集体选择、愿意并被同意分享企业声誉索取权的利益相关者,而外部利益相关者则反之;内部利益相关者包括作为服务提供者的股东、管理人员和服务人员等,外部利益相关者除了作为服务接受者的用户,还包括作为服务提供者的第三方供应商和商业伙伴,以及社区、政府、媒体、竞争对手等其他利益相关者。最后,利益相关者按对组织的重要程度,可分为首要利益相关者和次要利益相关者;首要利益相关者是对组织有直接利害关系的、最有影响力的利益相关者,多数属于商业和非社会领域;显而易见,内部利益相关者全部是首要利益相关者,与此同时,外部利益相关者中的用户、第三方供应商也直接与服务的生产、消费有关,因此也是首要利益相关者;而其余的外部利益相关者则主要属于非商业和社会领域,虽然在声誉和公众地位方面可能具有较强的影响力,但他们与组织的利益关系相对间接,因此可被归为次要利益相关者;另外,竞争对手因在品牌之间存在明显的竞争关系,一般不会具有紧密的商务合作,也属于次要利益相关者。

5.1.2 构建利益相关者地图及注意事项

首先,我们可以列出利益相关者清单,进行观察、访谈或桌面研究。例如,可以了解各部门在整个服务系统或项目中处于什么位置?核心成员是哪些?直接关系人、间接关系人是谁?他们在项目进程中的职责分别是什么?外部的合作企业、部门或人员是谁?有什么样的政策?其次,深入理解他们是怎样相互关联的,如果时间允许,可以将所有关系人的兴趣、动机、样貌列出来,进一步将潜在的关系人挖掘出来。最后,用同心圆的方式,将所有关系人列入、定位,并且以线条和箭头描绘相互关系。设计者也可以在白板上用不同颜色的便利贴代表不同的亲疏关系,灵活讨论,再绘制数字档案。当然,设计者在构建利益相关者地图时需要注意:第一,除了公司部门、员工、第三方供应商、用户,乃至有差异的同行,都可以是利益相关者;第二,利益相关者地图可以有多种格式,但都需要明确指出内部与外部利益相关者,理解内外部的重要性和相互关系。

利益相关者地图指明了不同利益相关者对服务的作用和影响,可以帮助设计者识别利益相关者之间的非正式网络或冲突,找到隐藏的机遇。同时,借助利益相关者地图,设计者可以对系统进行重新设计,主动增添或移除一些利益相关者,特意加强或削弱利益相关者之间的关系,从而实现服务体验的提升。

5.2 情境观察

"情境"是指产品或服务被使用的情形和环境。所有与产品使用体验相关的因素皆是有价值的，这些因素包含社会因素、文化因素、物理特征，以及用户的内心状态（感觉、心境）等。

5.2.1 情境观察主要流程

首先，情境观察（图5-2）可以观察一个主题、一个商业机构、一个产品，甚至是一个原型，设计者要清楚观察什么，采用什么研究手法，如何根据收集到的信息得出有用的结论，或者什么时候启动观察可以引导找出解决方案。正如任何人类学家都可以证明的那样，观察依赖于质量，而非数量。一个人所作出的决定，可以极大地影响其所获得的结果。其次，设计者在开始观察之前，要明确观察的目的，比如，期待从观察中学到哪方面的内容，现有的设计存在的问题，需要收集什么样的数据才能改善设计，用户的痛点是什么。再次，设计者要思考，观察地点是在户外还是在室内，人们在进行这项活动时还会做什么，是单人的活动还是多人的活动。最后，设计者要边观察边记录人们的面部表情、肢体语言、语气态度等，可以采用拍照或录音录像等手段，事后整理资料，写在"情境观察"的表格中。图5-3是对青年人生活观察记录的情境观察案例。

5.2.2 情境观察注意事项

设计者在情境观察中要关注人们没有做的事情，倾听人们没有说出来的内容。例如，瑞士品牌Zyliss曾与IDEO公司合作开发了一系列的新型厨房用品，设计团队从研究儿童和专业厨师入手，但这两类人都不是这些新型厨房用品的目标用户。然而，正是这个原因，设计团队从这两类人那里获得了很有价值的洞察。一个7岁女孩使用罐头起子时非常费力，这说明成年人学会了掩饰自己使用工具时的困难。专业厨师偷巧的方法，为设计团队带来了未预料到的关于清洁方式的洞察，这是因为专业厨师对厨具的要求非常高。这类非主流人群特有的看似夸张的需求，引导设计团队摒弃"配套"的正统观念，创造出一系列新产品，这些新产品既体现共通的设计元素，又为每款工具赋予了个性。结果，Zyliss出品的搅拌器、刮铲和比萨刀持续热卖。

情境观察可能要花几天、几个星期或几个月的时间。可是在观察结束后，设计者得到的只不过是一堆实地笔记、录像带和照片，除非他们可以和观察对象站在相同的位置，即"换位思考"，而这也许是学术思维与设计思维最根本的区别。设计思维并不是指创造新知识、验证某个理论或证明某个科学假说，当然这些也是共享知识领域不可或缺的一部分。设计思维的任务是先将观察结果转化成洞察，再将洞察转化成能改善人们生活的产品和服务。"换位思考"是一种心理习惯，能促使设计者不再将人看作实验用的小白鼠。设计者如果要"借用"别人的生活来激发新的想法，那人们首先要意识到，人们那些令人费解的行为体现了其在应对令人困惑、复杂、矛盾的世界时所采取的不同策略。20世纪70年代，美国Xerox公司研发出来的计算机鼠标，是由工程师为工程师发明的复杂技术装置。对于这些工程师而言，一天的工作结束后，他们需要把鼠标拆开清理干净是很好理解的。但是，当初出茅庐的Apple公司要用户协助开发一种"给普通人用的计算机"时，人们就上了关于"换位思考"的价值的第一课。

第 5 章　公共服务产品设计工具　/　125

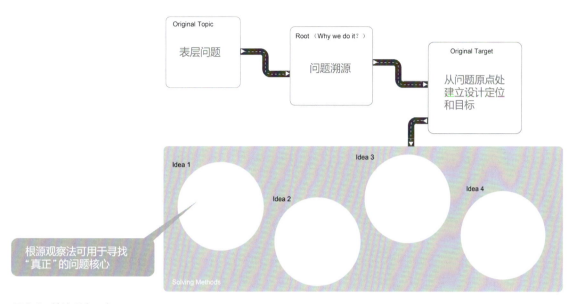

图 5-2　情境观察示意

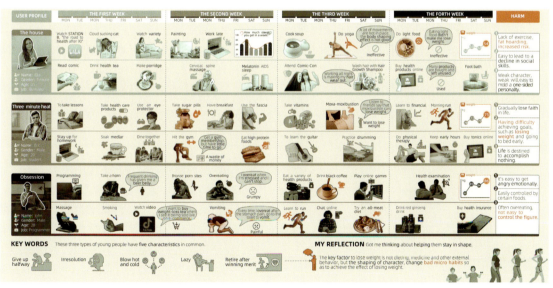

图 5-3　对青年人生活观察记录的情境观察案例

5.3 访谈与问卷调查

访谈能深入洞察特殊现象、特定情境、特定问题、常见习惯、极端情形和用户偏好等。为达到不同的目的，设计者在新产品开发过程的不同阶段均可使用访谈的方法。在起始阶段，访谈能帮助设计者获得用户对现有产品的评价，获取产品使用情境的信息，甚至是某些特定事项的专业信息。在产品和服务的概念设计阶段，访谈也能用于测试设计方案，以帮助设计者得到详细的用户反馈。这些均有助于设计者选择并改进设计方案。访谈用于开发用户已知的产品或服务时效果最佳。

5.3.1 访谈的主要流程

第一步，制定并测试访谈指南；第二步，邀请合适的访谈对象；第三步，实施约一小时的访谈并进行录音，需要注意氛围的营造；第四步，整理访谈笔记；第五步，分析结果并总结归纳。值得注意的是，访谈对象只能通过自己的直觉回答问题，隐藏背后的知识则需要通过其他启发式技术。但访谈只能获得知识定性结果，定量分析的数据则需要通过问卷调查获取。问卷调查是用户研究工作中的一种常用的数据收集方法，具有能够突破时空的限制，在广阔的范围内对众多调查对象同时进行调查，调查结果便于定量研究，节省人力、时间和经费等优点。

5.3.2 问卷调查的主要流程和注意事项

第一步，根据需要确定问卷话题；第二步，制定问题，将问题进行排序、归类；第三步，制定每个问题的回答方式；第四步，测试并改进问卷；第五步，根据不同话题邀请合适的调查对象；第六步，运用统计数据展示结果，以及被测试问题与变量之间的关系。值得注意的是，设计者通过问卷调查不能获取用户潜意识或情感化的信息。问卷越长，填写问卷的用户就越少，所以问卷中问题的制定尤为重要。问卷中的问题以项目的研究问题为基础，结合多种问卷题目设计方法进行展现。问卷题目设计方法有开放式、选择式、顺位式、回忆式、赋值式、量表式、矩阵式、比较式等。设计者在问卷题目设计过程中最好采用多种方法；否则，问卷会让调查对象感觉到呆板乏味，产生厌倦心理。

问卷题目的撰写与其说是门科学，不如说是门艺术，需要设计者有技巧、耐心与创造力。问卷题目应当避免以下几点：第一，避免模棱两可；第二，避免情绪化的语言和声望偏见；第三，避免双重问题，每个题目只涉及一个主题；第四，避免具有诱导性的问题，应使调查对象感觉所有选项都是正当的；第五，避免问超出调查对象能力范围的问题，问一些只有少数调查对象知道的问题，会使调查对象有挫败感，填写劣质的答案；第六，避免错误的前提，问题不要以调查对象可能会不同意的前提开始，不同意这个前提的调查对象可能会不知道该如何回答；第七，避免询问有关未来的意向，避免询问调查对象在假设的情况下可能会做的事情或决定，即使有答案也是很差的行为指标；第八，避免双重否定，因为双重否定在一般用语中容易引起混淆。

访谈与问卷调查是设计流程中常用的调研方法，两种方法经常被结合使用。访谈是能够排除主观的"我以为"，体现出用户真实感受的定性研究，而问卷调查是能够快速获取用户数据的定量研究。设计者通常可以通过访谈明确初步的问题，然后在问卷调查中进行探讨（图5-4）。图5-5是访谈与问卷调查的相关案例。

第 5 章 公共服务产品设计工具 / 127

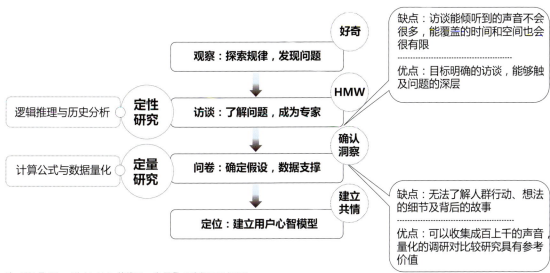

注：HMW 是"How Might We"的缩写，意思是"我们可以如何"。

图 5-4 访谈与问卷的逻辑关系

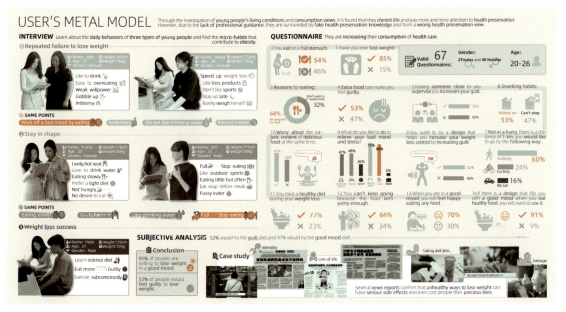

图 5-5 访谈与问卷调查的相关案例

5.4 用户体验地图

设计主张"以人为本",因此以用户需求和体验为核心的创新设计思想受到了广泛关注。B.约瑟夫·派恩二世(B.Joseph Pine Ⅱ)和詹姆斯·H.吉尔摩(James H.Gilmore)在《体验经济》中对"体验经济"的理想特征进行了描述:"体验已是超越产品和服务的一种经济模式,而且体验不但适用于现实世界,也适用于虚拟空间,未来创造价值的最大机会在于营造'体验'。"

"用户体验"即用户在使用产品或享受服务时产生感受的过程,感受包括用户的心理及生理反应、认知印象、行为动作、情感变化及享受程度等,由于用户的主观意识和情感状态等因素的影响,用户在不同的体验环境中产生的感受会有所不同。

5.4.1 用户体验的设计原则

从马斯洛需求层次理论入手,我们对用户体验的设计过程及设计要素进行了详细剖析,并且对用户体验的设计原则进行了归纳和总结,即一致性原则、功能可见性原则及自然原则。第一,一致性原则,在选择产品体验的方式时,设计者要充分考虑用户的思维和行为习惯,同时,用户体验的感受也要切合当代的社会背景与环境,并且符合相应功能的逻辑诉求和定义;第二,功能可见性原则,设计者要最大限度地发挥核心功能的作用,通过分析用户行为,构建产品信息的传播路径,实现产品功能的可视化;第三,自然原则,用户在现实生活中的思维和行为习惯应该与设计存在一致性,设计者要遵循人类发展的轨迹,对人类生物性与社会性的关系进行全面的认识与思考。

用户体验地图的内容涵盖目标用户在特定的场景中,使用产品的某个核心功能或某项服务时,从开始到结束的整个体验过程。设计者可以从阶段、行为、触点、目标、问题点、情绪曲线、解决方案分析用户体验的全过程,最后梳理成一张可视化的体验地图(图5-6)。

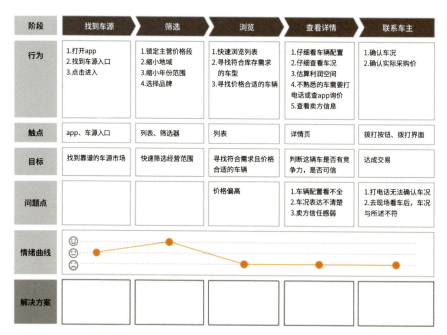

图 5-6 用户体验地图模板

5.4.2 用户体验地图具体步骤

第一步，阶段划分，即行为开始前、行为进行中、行为结束后；第二步，行为提取，即把每个阶段的用户行为通过流程步骤标识出来，形成一个闭环，这些行为是涉及产品、和产品有关或会影响整个流程的行为；第三步，触点建立，即构建完整用户体验地图的交互节点，触点是构建数据可视化地图的关键点；第四步，目标罗列，即用户在流程中的每个阶段做每个行为时的想法；第五步，问题点罗列，即用户在使用产品过程中不舒适或不满意的地方；第六步，情绪曲线绘制，即记录用户在使用产品的不同阶段对应的情绪状态；第七步，解决方案寻求，即寻求每个阶段都可能存在的新的方向、想法和思路。

将用户为实现目标所经历的过程可视化，即"用户体验地图"，是对用户在特定场景中使用产品功能的各阶段的行为等的记录和描述，表现形式为可视化的图表形式，其作用在于寻找和发掘用户对产品和服务的真实需求。用户体验地图体现了设计者针对具体用户、具体场景进行的深度思考和总结，对产品的某个功能、某项服务不断进行打磨，有利于设计者对整个设计流程的梳理和改进。图5-7是用户体验地图的相关案例。

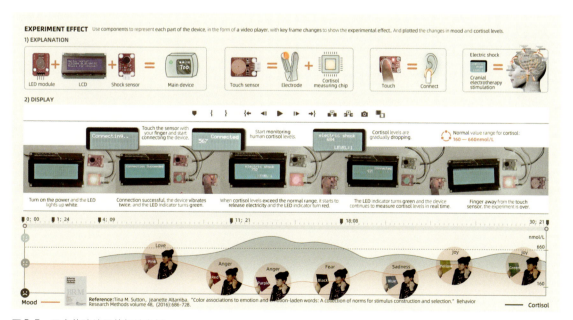

图 5-7 用户体验地图的相关案例

5.5 文化探析（人类学与在地研究）

清华大学资深教授柳冠中先生曾说："设计是以人类总体文明对工业文化、商业文化和技术文化的修正。"人类学诞生于19世纪，它的学科追求就是分析和了解人类文化，依照费孝通先生所言，人类学"帮助我们理解我们这个人文世界的实质、构成和变化的一般规律"，并且其学术实践"从分析人的生活开始"。费孝通先生的此番表述，既阐明了人类学的一般性目的，也表明了人类学与人的生活贴近的学科实质。在方法上，人类学强调研究中调查的直接性，主张通过长期的参与式观察来"抓住当地人的观点、他们与生活的关系，理解他们对其世界的看法"。费孝通先生的"从分析人的生活开始"与拉兹洛·莫霍利－纳吉（Laszlo Moholy-Nagy）所言的"为生活而设计"遥相呼应，这种相遇充分体现出两个学科间存在的本然交集，从本质上，这个交集就是人文主义精神之所在，我们之所以能够将设计学与人类学置于一处，正是基于二者所共用的人文主义支点。日本设计师原研哉（Kenya Hara）宣称，设计的目的在于"解决社会上大多数人共同面临的问题"。解决问题的方法来自设计，而发现问题和认识问题的手段却来自设计之外。因此，主动并清醒地接纳吸收人类学方法，使之结合自身成为一种兼具人文意识与人文方法的学术实践举措，是设计真正实现"以人的需求为导向"的捷径和通途。

文化探析是一种引导用户运用新的形式了解自己，更好地表达对生活、环境、理念和互动行为的理解的启发性手段（图5-8）。文化探析适用于项目概念生成阶段之前，可以从设计团队内部的创意会议开始，确定对目标用户的研究内容。文化探析工具包中包含日记本、明信片、声音图像记录设备等任何好玩且能鼓励用户用视觉方式表达他们的故事和使用经历的工具。设计者通常向一些用户提供文化探析工具包，其中的说明和提示已经表明了设计者的意图，因此设计者并不需要直接与用户接触。

主要流程：第一步，讨论并制定研究目标；第二步，设计、制作文化探析工具包；第三步，测试文化探析工具包中的工具并调整设计；第四步，将文化探析工具包发送至目标用户并解释设计期望；第五步，提醒用户及时送回文化探析工具包或设计者自行收回；第六步，讨论研究后结果。

方法局限性：第一，由于设计者与用户没有直接接触，很难对目标用户进行深层次理解；第二，文化探析不适用于寻找某一特定问题的答案；第三，文化探析需要整个设计团队保持开放的思想，否则将难以理解所得材料，有些团队成员也可能对所得结果不满意。

文化探析是一种探索性研究方法。它不在正式分析中使用，而是作为一种启发性手段，用来确认用户组群或文化中的关键模式和主题。这种方法为设计者打开了一个探索设计可能性、结合其他信息研究方法（如观察、实地考察、访谈和查看二手资料等）的"窗口"。文化探析虽然很随意，并不正式，但是设计者应该仔细推敲其审美工艺、信息和成果，使用户比较愉快地参与项目，尊重这个过程，以获得他们的反馈。文化探析工具包中的工具应该多样化，富有想象力，以获取用户对特定设计访查的看法。如果设计得当，用户的积极参与和设计团队的投入会让文化探析收获等同或超越传统方法的反馈，获得丰富的信息，为设计团队提供完善设计的灵感。图5-9是基于用户访谈进行文化探析的案例。

第 5 章 公共服务产品设计工具 / 131

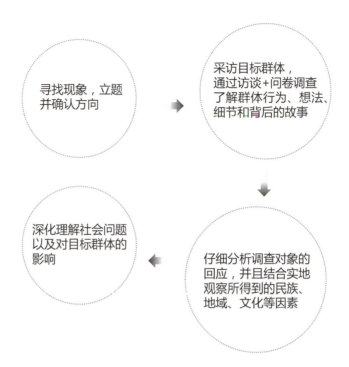

图 5-8 文化探析示意

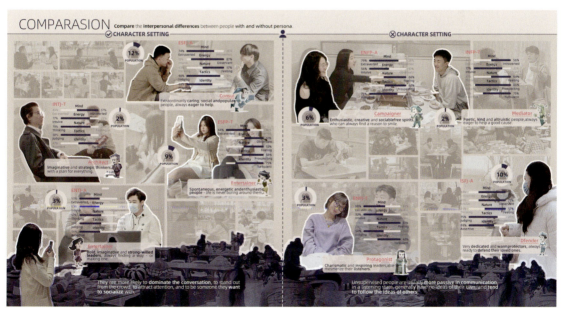

图 5-9 基于用户访谈进行文化探析的案例

5.6 服务蓝图

林恩·肖斯塔克在1984年提出服务蓝图的概念。服务蓝图是一种可视化的服务设计关系图，将用户研究整合到流程中，并且有效地针对内部和外部流程进行改进，可以帮助了解组织中更大的用户服务图景。服务蓝图相较于用户体验地图更深入，还显示了进入用户体验的所有后台工作，在高度复杂的用户体验中涉及多个触点。它超越了用户，包括所有对用户体验产生影响的人员、工具和流程。

5.6.1 服务蓝图的内容

一个完整的服务蓝图包含五点、三线（图5-10）。

五点：实体触点，即服务触点的实体表征；用户活动，即用户在购买、消费和评价服务过程中采取的一系列活动；前台活动，即能被用户看见和直接接触到的服务活动（界面）；后台活动，即用户看不见的、支持前台与用户互动的活动，尽管它们对用户不可见，但它们是提供服务所必需的；支持系统，即涵盖在服务过程中，支持员工的各种内、外部服务步骤。

三线：互动线，用来区分用户活动和前台活动，互动线以上是用户活动，以下则是前台活动；可视线，用来区分用户能看见的与看不见的服务行为，可视线以上是前台活动，以下则是后台活动；内部互动线，用来区分后台活动与支持系统，内部互动线以上是后台活动，以下则是支持系统。

用户在前台活动中经历的每一个阶段都会对应到服务的实体触点，也会对应到组织的后台活动。不同的组织创建的服务蓝图风格不同，过程中往往涉及跨部门整合，最后将服务用一张图来系统体现。

5.6.2 如何建立服务蓝图

首先，设计者根据项目特性在白纸或墙壁上勾勒出框架，画好互动线、可视线和内部互动线。在互动线以上，按时间顺序来描绘一系列的用户活动——发现（用户最初了解的实体触点）；加入

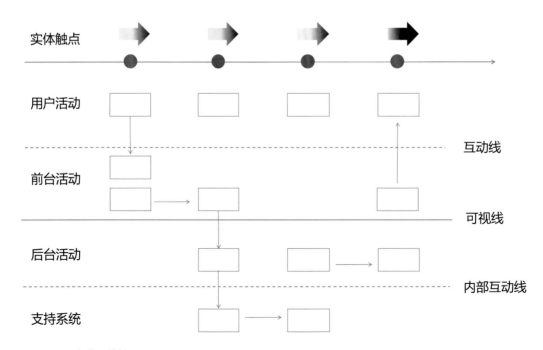

图5-10 服务蓝图模板

第 5 章 公共服务产品设计工具

（注册或登录阶段）；使用（服务的常用阶段）；发展（用户对服务的扩展使用）；离开（结束使用服务，可以是阶段性或永久性的）。

其次，设计者在互动线与可视线之间，描述前台各阶段的互动，对应每个用户的活动轨迹，可以添加不同的服务提供者（如护士、医生、行政人员等），并且创建与服务对象产生直接互动所必需的行为，可以用实线箭头连接表示互动关系。

再次，设计者在可视线以下，描述后台各阶段的互动，对应前台服务提供者的服务流程，组织后台的不同角色进行配合，同样可以用实线箭头连接表示互动关系。

最后，设计者回到服务蓝图的最上端，对应用户活动标注实体触点，如接待吧台、网站、印刷物料等，对细节到全局进行反复思考，如实体触点是什么样子，员工接待是怎样的标准，如何与服务保持整体上的一致，制作数字化的服务蓝图、视觉化的数字档案，方便团队成员更新与共享。

5.6.3 使用服务蓝图的注意事项

第一，用户与环境（社会、技术等）的不断变化导致服务必然是动态的，服务蓝图在服务实施过程中需要不断被检视与迭代；第二，设计者在过程中可以使用便利贴，方便讨论时灵活移动，最终可以用各种设计工具将服务蓝图的原型视觉数字化；第三，用户活动、前台活动与后台活动可能会超出预期，往往需要提供服务的各个部门联合协作完成，工作坊是使用最广泛的一种共创方式。

服务蓝图是一种组织转变策略，可以推动服务创新，通常被用来分析现有的服务，检验各个触点之间的配合，从而提升服务。服务蓝图的目的是确保触点上的元素不孤立存在，使每个触点的设计更规范。服务蓝图应始终与业务目标保持一致，减少冗余，改善员工体验或融合孤立的流程。对于相同的服务，如果有多个不同的方案可以容纳，则可能有多个服务蓝图。例如，对于餐馆业务，设计者可能有单独的服务蓝图分别与订购外卖与餐厅用餐对应。图 5-11 是服务蓝图的相关案例。

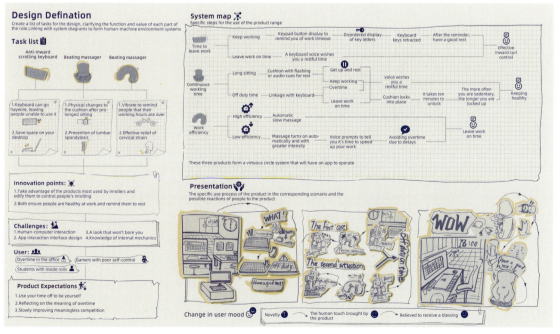

图 5-11　服务蓝图的相关案例

第 6 章 公共服务产品创新方法

6.1 HEART 体验模型

HEART 体验模型由 Google 于 2010 年发表，是以用户为中心的度量模型，能够用于大范围的用户体验度量。HEART 体验模型有 5 个维度：愉悦度、参与度、接受度、留存率、任务完成度（图 6-1）。

其一，愉悦度是用户体验中的主观感受，设计者可以通过产品的有用性、易用性、视觉美观度、被推荐意愿等方面来衡量。产品被推荐意愿越强烈，说明这个产品的用户体验／整体服务体验越好，产品设计得越成功。这里可以通过 NPS（Net Promoter Score）来作具体化的评估，NPS＝推荐者数／总样本数 – 贬损者数／总样本数，通过使用定性测量方法（如问卷调查等）收集用户反馈，从而了解产品是否符合用户意愿。

其二，参与度是用户在产品／服务／功能中的参与深度。参与度通常会受到用户习惯影响。设计者可以通过访问频次、访问时长、互动深度等方面来衡量。例如，访问频次的衡量标准为日活（DAU）、周活（WAU）、月活（MAU）等；访问时长的衡量标准为平均访问时长（总的访问时长／总的访问次数 = 平均访问时长）；互动深度的衡量标准为献计献策频率、分享频次等。

图 6-1 HEART 体验模型

其三，接受度是指有多少新用户接受了产品、功能。设计者可以通过统计特定时期内新用户的行为、新手向导等来衡量，衡量的标准有特定时期内核心页面的曝光量和访问人数、新功能的使用留存等。

其四，留存率是衡量用户对产品的重复使用情况的标准。留存率越高，说明用户对产品的认可度越高。设计者可以通过统计特定时期内用户的行为等来衡量，如次日留存率、7日留存率、14日留存率、30日留存率等。

其五，任务完成度是用户在使用产品/服务/功能后能否顺利完成目标任务的情况。设计者可以通过完成效果、完成效率、操作错误率等来衡量。

HEART体验模型除了给出了5个维度，还给出了三步法。设计者确定目标所属维度后，应遵从"目标—信号—指标"的定义数据指标。第一，目标是指明确产品或功能的用户体验指标；第二，信号是指选择可以显示目标成功或失败的信号；第三，指标是指选择适当的数据指标进行追踪。HEART体验模型的优势在于能够提供全面的用户体验评估，同时也为改进用户体验设计提供了指导；不足之处在于HEART体验模型侧重于对用户行为的分析，对用户需求和期望的探究不够深入，缺乏理论支撑。图6-2是基于HEART体验模型进行的食物设计感知信息分析。

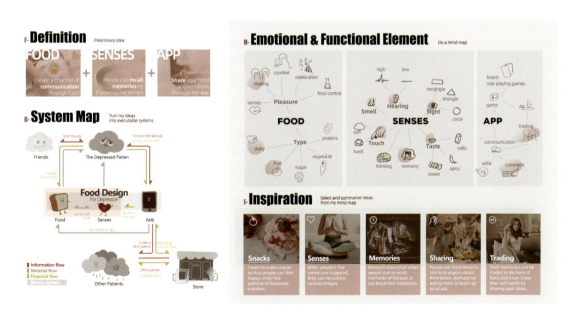

图6-2 基于HEART体验模型进行的食物设计感知信息分析

6.2 依附与功能拓展

公共服务产品的功能特征体现了其使用价值，而这种使用价值是由公共服务产品所处空间的空间属性和公众需求决定的。由于空间属性的不同和变化及公众需求的多样化，有限的公共服务产品显然无法及时地提供多元化的服务，因此其使用价值必然有限，这也是多数公共服务产品设计未能让公众满意的原因之一。为了便于转换公共服务产品的角色，以增强其使用上的可持续性，设计者应该充分考察其所处空间的空间属性和公众需求，在实用、安全和经济等基础之上，强化公共服务产品功能的整合设计或互补设计。

公共服务产品可以利用奥斯本检核表法（图6-3）在不改变主设计的情况下进行功能上的拓展。图6-4是基于奥斯本检核表法进行的设计思维发散与想法整理过程记录。空间模块具有接口、功能、逻辑、状态等基本属性。不同空间模块之间可以通过拼合、插接、分解来进行排列组合，同一个空间模块自身也可以分解、变形、移动。空间模块通过这些方式进行空间上的重组，组织关系与案例分析整理如下。

第一，分解。潮汐工作室改造项目是由一个空间模块分隔、拆解、组合而成的新的空间。该项目将集装箱变为一个"百变"的空间，将空间与功能需求灵活组合。一天中，员工们可以在这个新的空间进行多种活动：会客、吃饭、沙龙交流、设计办公等，如果每一个活动都需要单独的空间，就需要占据很大面积。而该项目根据员工的需要，灵活地分隔、拆解、组合集装箱，在有限的空间内，提供不同的功能。在不同的空间模块里工作，员工的专注度和办事效率得到了提高。集装箱改造是对模块化设计方法非常典型的运用。集装箱大小比较符合人体尺度，其具有标准化、环保化、经济化等显著特点。

第二，插接。众建筑的插件塔设计了专门的空间模块连接构架，具有不同功能的空间模块可以被插接在这些构架之中，方便拆解和组合。可以设想，当设计者需要临时拆除一个6人的空间时，可以利用空间模块易于拆解的特性，拆除这个空间，同时又不破坏原有空间结构。插件塔是一个预制的插件构架系统，设计者可以任意拓展，插接房屋的单元，这些单元根据需求可以放置于不同位置。板材之间用钩锁连接、安装搭接方便，无须大兴土木，模块化的拼装方式省时省料。

奥斯本检核表法引导在创造过程中对9个方面的问题进行思考，以便启迪思路、开拓思维空间、促进人们产生新设想和新方案

能否他用 用途拓展	能否借用 寻找参照产品	能否改变 局部改良/革新
能否扩大 提高附加值	能否缩小 加入细节/简约化	能否取代 寻找替代优化方案
能否重整 顺序、流程、因素	能否颠倒 逆向思维	能否组合 组合创新

图6-3 奥斯本检核表法

第 6 章 公共服务产品创新方法 / 137

第三，移动。众行顶是一个有红色顶棚的可以伸缩的装置，折叠时可以供居民骑行穿越整个城市；展开时可以覆盖部分街道，连接不同的城市公共空间。众行顶顶部参照常见的具有模块化拉伸结构的大棚，可以容纳十几人在内部骑行，底部装有自行车的车轮等，方便移动。众行顶展开时，可以延伸至 12 米，覆盖面积大，被欧洲的一些国家用于举办一些临时性的公共活动。空间模块可延展、可伸缩、可移动的特性在众行顶中得到很好的体现。

第四，变形。在百变智居的设计中，集装箱根据不同功能模式可以被灵活组织，像抽抽屉一样被拉拽，打破了单一的室内室外空间的界限。

此外，公共服务的投入方式的设计及使用效率造成的公共资源的浪费也需要设计者考虑。服务理念是服务产品的本质，是服务设计的核心。是否具有精准的、超前的、人性化的、可持续的服务理念，直接决定了公共服务品质的高低。1993 年，日本在《城市公园法实施令》中，把公园的地位提到"紧急救灾对策所需要的设施"的高度，首次把发生地震时用作避难场所和避难通道的城市公园称作"防灾公园"。在救灾过程中，过渡安置处于灾后急救及灾后重建的过渡阶段，是一个快速给灾民提供临时居所的重要环节。从日本防灾公园中的紧急公共厕所解决方案，不难看出日本政府及设计者在公共服务设计理念上的创新性、前瞻性及人性化；防灾公园的一角分布着众多排列整齐的类似井盖的装置，当灾难发生时，井盖可以被翻开，搭配安装简易的支架及帐篷，便可形成一个简易的公共厕所，为灾民提供临时的公共卫生服务。同时，防坠落的交叉杆、通风窗口、装手纸的口袋等细节的设计无不体现公共卫生服务设计者的周到和贴心。

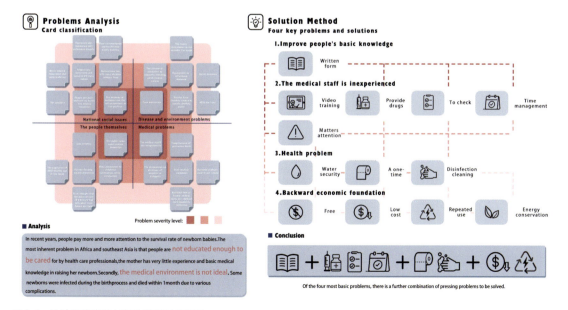

图 6-4　设计思维发散与想法整理过程记录

6.3 峰终定律与MOT

峰终定律是心理学家丹尼尔·卡纳曼（Daniel Kahneman）在展望理论的基础上，将源于心理学的综合洞察力应用于经济学，再经过长期的实验研究而得出的一个人类体验行为规律。峰终定律认为，当人们回顾性地评估一种体验（如前一个工作日时），他们更多地依赖于峰值强度的情节和最终（结束）情节，而不是体验中的其他情节。从广义上说，所有与人类情感体验有关的事物都是可以通过峰终定律来进行解读的。也就是说，人们对一段体验的记忆大多数源于"峰点"和"终点"的感受（图6-5），并且会以此作为评价这段体验的标准。这种现象也被称为"时长忽略"。这里提到的"峰点"和"终点"就是体验过程中的关键时刻（Moment of Truth，MOT）。如何把握住这两个关键时刻，对一段体验来说就显得尤为重要。

6.3.1 打造峰值体验

"瞬间思维"是指在单调的生命中，寻找应该凸显的节点。我们将会探讨3种值得凸显的事件：转变事件、里程碑事件、低谷事件。第一，转变事件发生于很典型的决定性时刻，是一个阶段的结束，另一个阶段的开始，如毕业典礼、开学典礼等；第二，里程碑事件是指一个阶段的成果，如从恋人到夫妻的婚礼、员工到公司多少年的纪念日，通过营造仪式感给人留下美好的印象；第三，低谷事件一般是指在生活/事业/情感不如意的时候发生的事件，在这个时候打造峰值体验的效果最好，也是一种鼓励和雪中送炭。

以上讲述了应该在哪些关键事件中打造峰值体验，接下来将介绍如何在这些事件中具体地打造峰值体验。设计者应挑选一个积极时刻，从以下4个维度创造超出预期的体验。

第一维度，欣喜。设计者可以从感官上和情绪上提供一些能够让人产生积极情绪波动的物品，给人留下深刻印象，如一封情书，一张票根，一件穿旧了的T恤，孩子们信手涂鸦的、让人笑逐颜开的卡片。

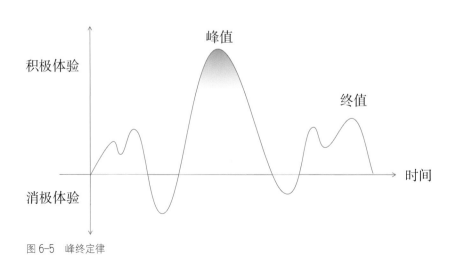

图6-5 峰终定律

第二维度,认知。决定性时刻能够重新改写人们对自己或对这个世界的认识,例如,让人感触良多的引言或文章、可以改变审视世界的视角的书籍,以及记录下万千思绪的日记。

第三维度,荣耀。设计者需要对荣耀感的原理加以了解,也就是如何策划出一系列的里程碑时刻,积累、搭建通往更宏伟目标的道路。认可和鼓励可以将荣耀的体验延续,例如,表示认可的绶带、成绩单,以及证书、感谢卡、奖状等。

第四维度,连接。设计者想要建立情感连接,就需要让人看到某件东西、遇到某件事、听到某句话就能想到特定的对象,例如,婚礼照片、度假照片、家庭合影等。

宜家是峰终定律最好的实践者之一,把握了购物过程中的"峰"和"终"。"峰"是指购物过程中的小惊喜,如随时可以坐下体验的沙发和躺椅,还有偶尔出现的极其便宜的家居用品。"终"是指在结账出口处设置了便宜的冰激凌和热狗,平复了消费者排队等待结账的焦躁。比起较为平均的、全流程式消费者体验管理,将有限资源重点投放于消费者接触的峰值与终值的体验管理,可以利用更少的或相同的资源实现更高的服务效能,从而从整体上优化消费者体验。

6.3.2 MOT 四大维度

品牌方光有信息没用,还要知道消费者感知信息的路径,因为只有在路径上设计信息,才能影响消费者的心智。信息进入心智的路径,就是关键时刻。我们可以将消费者和品牌接触的关键时刻归纳为四大维度,即进店率、转化率、复购率和推荐率。这四大维度也是 4 个重要的商业指标。只有围绕这 4 个指标进行的洞察与落地,才有商业价值。

从用户体验的角度看,四大维度就是一个人在跟品牌接触时,从"觉察与思考"到"选购与决策",再到"使用与体验",最后和品牌产生"关联与裂变"的不同体验阶段;从设计者的角度看,四大维度就是寻找最短路径成就最大功效,去设计,去创造峰值,简单讲,就是寻找消费者"一见就进""一进就买""一买再买""一传千里"的关键时刻(图 6-6)。图 6-7 是基于对家庭的感受与回忆组成的用户体验记录。

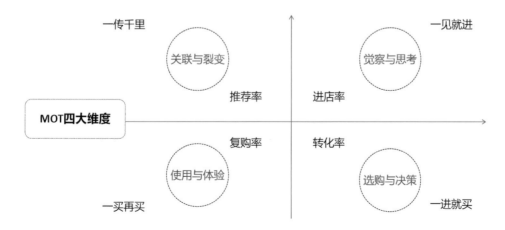

图 6-6 MOT 四大维度模型

进店率的 MOT：涉及消费者"觉察与思考"的过程；即消费者当初是怎么知道这个品牌的？媒介是什么？ 如果是听朋友介绍的，那么他的朋友又是怎么说的？ 这些都是一个消费者首次了解一个品牌的方式，若这个消费者只是在乱逛时不小心走进来，那么在店门口是什么吸引了他？ 在网上他为什么会点击进入这个品牌的网店？

转化率的 MOT：涉及消费者"选购与决策"的过程；简单地讲，就是消费者买东西时怎么比较选择，拿哪些品牌和这个品牌比，比哪些条件，会参考谁的意见。

复购率的 MOT：涉及消费者"使用与体验"的过程；即消费者把产品买回家之后的体验，品牌体验设计在这个维度的峰值应锁定在让消费者买了还想再买、不断地复购上。

推荐率的 MOT：涉及消费者"关联与裂变"的过程；即已购消费者为什么会主动向别人推荐？ 消费者怎么变铁粉？ 他向别人推荐时是怎么讲的？

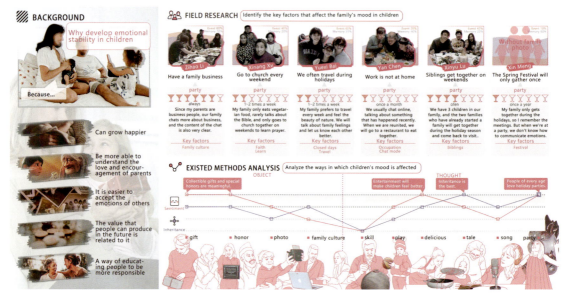

图 6-7　基于对家庭的感受与回忆组成的用户体验记录

6.4 4种未来模型

6.4.1 4种未来模型的含义

从某种程度上来说,所有的设计都是以未来为导向的。2009年,未来学家斯图尔特·坎迪(Stuart Candy)在英国皇家艺术学院参观了交互设计项目,他在演讲中用了一个非常有吸引力的图表向我们解释了各种差异化的可预期未来,通过多个锥形领域从现在出发,多方位地展望未来,每个锥形领域代表了不同层级的可能性(图6-8)。

第一个锥形领域是"很有可能的未来"。这部分也是大多数设计者正在实践的领域。它描述了除了出现经济危机、环境灾害或战争等一些极端的情况,还有哪些很有可能发生的情况。大部分的设计方法、过程、工具及公认的、好的设计实践,甚至设计教育都是以此为导向的。设计如何被评价,与设计者理解未来可能性的程度关系密切,虽然两者很少在这些方面有直接的关联。

第二个锥形领域是"似乎可能的未来"。这一领域关系到情境规划与洞察,思考哪些是可以发生的可能。20世纪70年代,像荷兰皇家壳牌这样的企业,大力开发能塑造未来全球发展近景的技术,以确保它们能在全球化的经济或政治动荡等变局之下存活下来。"似乎可能的未来"不是一种预期,而是指探索多种经济和政治的未来局势,以确保某组织能够准备好应对未来一系列可能出现的问题。

第三个锥形领域是"可能的未来",所用方法是建立今日世界与应有世界的联系,物理学家加来道雄(Michio Kaku)在《不可能的物理》中介绍了3种程度的不可能,除了第三种最极端的情况,即那些基于人类目前对科学的理解不可能发生

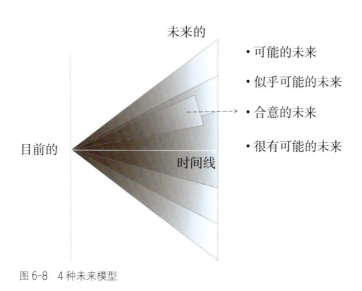

图6-8 4种未来模型

的事——永动机和预知能力；所有其他的变化，如政治的、社会的、经济的和文化的变化，都可能被预测，但是想象如何做到这些是很困难的事。在设定的情境之中，我们相信，首先它在科学上是可能的，其次应该有一条指导我们从现在到设定情境的实现路径，即使是完全虚构的，能导致新形势发生的一系列可靠的条件也都必须具备。这要求我们将设定的情境与自己所处的世界联系起来，并且用它进行批判性反思。这便是思辨型文化领域，如电影、科幻小说、社会小说等，尽管只有启发意义，但专家们还是经常会被问到这些情境何时能够成为现实。大卫·科比（David Kirby）在书中用精彩的一章指出了他所谓的思辨型场景与他在另一部作品中描述的奇妙科学之间的区别。可见，专家的角色并非阻止不可能，而是让大家接受所谓的不可能。

除此之外，还有一个虚幻地带，但这是我们几乎没有任何兴趣的领域。虚幻存在于自己的世界中，与我们居住的世界鲜有联系。它当然是有价值的，尤其是当它成为一种娱乐形式，但是对我们而言，它与现存的世界格格不入。

第四个锥形领域介于"很有可能的未来"与"似乎可能的未来"之间，是一种"合意的未来"。当然，"合意的未来"也并不是字面上这么简单直白；"合意"意味着什么，对谁来说是合意的，是否合意由谁来决定？目前，它由政府和行业决定，虽然我们同时肩负着投票者和消费者的角色，但影响力却很有限。在《想象的未来：虚构预期与资本主义动态发展》一书中社会学家延斯·贝克特（Jens Beckert）将对未来的想象作为对当下进行组织化与正义化的工具，而这一工具专为少数特权阶级的利益服务。但是，假设能够创造出更多社会参与的、可想象的未来，设计者能否帮助人们成为更有影响力的公民/消费者？如果可以，又该如何去做？

基于这4种未来模型的场景：其一，思考未来策略和愿景中应包含什么；其二，收集众多的想法，并且对其进行排序，以便深入探索；其三，快速可视化未来策略和愿景，以便从利益相关者那里获得反馈；其四，进行探索未来的"头脑风暴"，将未来的想法按照时间、可能性和可取性进行分类。

制作未来模型的步骤：第一步，绘制未来模型的框架；第二步，设定场景，确定未来的时间跨度是未来整体，还是更具体、更有限的未来；第三步，记录思考，用便利贴写下产生的想法，贴在相应的范围内，并且在必要时进行移动；第四步，进行排序，用不同颜色标记未来希望发生和不希望发生的事情；第五步，确定一个理想的未来，所有标记为"在未来希望发生的事情"都代表理想的未来，思考并讨论理想的未来是否有遗漏；第六步，可视化未来模型，在设计未来策略和愿景的整个过程中可以返回以确保正在创建理想的未来。

综观这4个锥形领域，它们并不是严格分开的，而是互相嵌套的，逐步从最窄的类别转向更广泛的领域，最终合并成为一个类别，即"预计"的未来。当前以外的一切都是潜在的未来，包括我们甚至无法想象的那些，锥形就好比一个聚光灯：中央明亮，边缘黑暗，这同样也是对我们未来愿景范围的视觉隐喻。

6.4.2 面向未来的公共服务产品

在服务与体验经济时代，人们的思想观念发生了十分显著的变化，公共服务产品设计也应随之转变。

第一，公共服务产品设计的关注点经历了从物到行为再到体验的转变。技术的发展与进步使设计的基础发生了巨大的变化；特别是在公共服务产品设计中，物的概念已经得到了广泛的普及，产品也不再局限于物的范畴；设计中遵从的逻辑关系也不再是产品的物理逻辑关系，如今已经转变为行为逻辑关系。在设计中，人们更加重视采取有效措施，以服务性设计来平衡各方利益，有效控制人们在体验过程中所产生的负面情绪，也就是以公共服务产品设计来平衡人、环境之间的关系，从而使人们在利用社会公共资源的过程中，能够拥有更加优质的体验。在当前的城市生活中，这样的案例有很多。如设计者设计出了 Street Pong 装置，即在马路两侧的红绿灯杆上安装的互动游戏装置，人们可以在等待红绿灯的过程中以打乒乓球的方式来消遣；游戏屏幕还可以及时显示红绿灯所持续的时间，若绿灯亮起，游戏便自动结束，这一装置缓解了人们等待红绿灯过程中的枯燥和乏味。

第二，公共服务产品设计与公共艺术的跨界设计成为主要趋势。新时代建设和发展进程中，公共服务产品设计的关注点已逐渐转向了体验。体验通常是指产品或服务的精神功能，一方面要充分发挥产品的基本功能，另一方面还需从艺术和情感的角度出发，进而有效提高设计的附加值。若按照价值的效用，附加值可分为物理附加值、心理附加值和社会附加值 3 种形式，且附加值的经济价值最为明显。尽管很多公共服务产品设计最大的目的不是盈利，但它却能给用户带来心灵的慰藉，进而更好地推动社会的稳定发展。

第三，公共服务中自助服务与智能产品的普及。现阶段，经济全球化程度日渐深入，信息化建设也在不断推进，很多行业在生产和服务的效率上都发生了较大的变化。自助服务终端也开始从银行向其他的公共服务领域拓展，应用的范围不断扩大。现代科技的广泛应用催生了智慧型城市，而在城市公共服务中，自助服务与智能产品的普及也提升了整个城市的联动能力，进而显著提高了政府管理和服务的效率和水平，有效改善了人们的物质及文化生活的质量。

用户体验是衡量服务质量的主要因素。传统的服务质量评价体系将服务分为有形性、可靠性、反应性、保证性和同理性服务，但是以上几个维度均无法立体地反映出所有服务行业的特征，至少并未明确地展现出新型自助服务的特征。自助服务与智能产品的界面是用户使用最频繁的触点，它也直接决定了服务的最终效果。所以，服务质量评价体系也应将界面作为衡量服务质量的重要因素。

6.5 参与式设计

参与式设计从广义上讲，作为一种社会性行为可以是主动的，也可以是被动的。当下设计的最大特点是用户从过去的"被动接受"转向"主动参与"，同时大量的用户体验反馈也突出了用户在设计过程中的重要性。对于设计本体而言，设计者通过设计手法对设计本体进行形态、空间表达，而用户则在不同的时间感受和使用这个设计，通过时间的审视来挖掘设计背后的价值。参与式设计主要基于这一原则：如果用户积极参与创造和管理，而不被视为被动的消费者，那么建筑和自然环境就会更好地发挥作用。

原有的设计都是让用户在使用过程中获得情感共鸣，而参与式设计则让用户带着情感共鸣参与设计，图6-9是一次参与式设计的记录；过去设计用来寻求情感共鸣，现在设计则用来延续情感，进而延续设计的寿命。参与式设计最初针对的是工业时代"产品"的设计者和用户，而信息时代和知识经济下，设计的焦点正从"设计具体产品"转移到"设计人的行为"，设计一直强调的结果的确定性和概念的导向性也被不断进行的用户参与弱化了。

参与式设计包括几种不同的方法，但这些方法都具备统一的理念，即设计者在设计过程中积极地与用户和其他利益相关者协商讨论，最好面对面地交流，以活动为基础协同设计。这些方法包括文化探寻、日记研究、照片研究、拼贴、弹性建模、创意工具包和协同设计。参与式设计使用户发挥洞察力和创造性，启发并帮助指导设计过程，然后对设计成果作出反馈。然而，用户的活动必须结合设计的专业知识，因此需要设计者的创意权威，需要设计者把共同合作的过程转化为设计标准、服务和组件。

一些设计者根据在设计领域多年的研究经验，提出了一种组织目前参与式设计的各种途径、工具、技术和方法的有效框架。框架的设定取决于描述工具和技巧的参与式行为的形式和目的，或者使用这些工具和技巧的原因。目的体现在4个方面：调查用户，进行自我发现和描述；让用户做好准备进一步参与活动；了解目前的情况；产生未来的情境和概念。根据小组的规模结构、交流方式（面对面或网上交流）、场地、和用户的关系，设计者还可以进一步描述参与式设计可能发生的方式和地点。

第 6 章 公共服务产品创新方法 / 145

如何将参与式设计运用到城市设计的层面？对大尺度的把握，设计者可以从系统干预入手，让不同用户通过参与式系统的数字工具来影响最终的设计，如通过数字工具设计一款关于城市规划的游戏。与促进参与式系统的数字工具的兴起的方式一致，混合空间实验室是一个存在于建筑师（空间的传统塑造者）和用户之间的实体。作为基于混合空间实验室的一款游戏，城市工具包可以升级所在社区，其目标群体是熟悉电脑游戏且很少在外面玩的年轻人。这款游戏围绕城市规划和城市再开发展开，把居民变成了城市的"制造者"，从而在城市居民和专家（建筑师和城市规划者）之间架起了一座桥梁。通过城市工具包，用户可以建立一个数字社区来适应和改善他们当地的环境；使用可以在环境中的特定位置移动和固定的模块化建筑组件，用户可以建造微型舞台、展览平台、浮动酒吧、剧院和游泳池等其他娱乐设施，使居住在附近变得更加有趣。

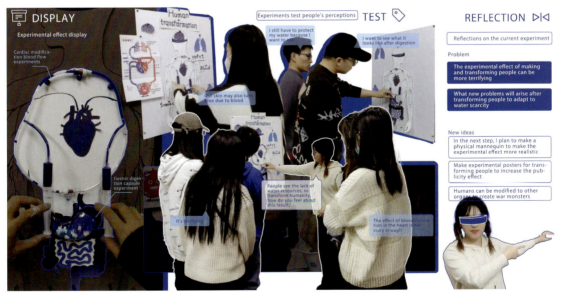

图 6-9 一次参与式设计的记录

6.6 精益商业画布

精益商业画布（图6-10）是关于产品商业模式的一种工具，可以用于规划和分析产品商业模式，一般分为以下几部分。

第一，问题/目标群体。问题/目标群体的匹配通常是整个画布的核心。设计者针对目标群体，阐述他们最需要解决的 1～3 个问题，所谓问题，就是目标群体需要完成的任务。如果产品涉及各种群体，设计者必须区分谁是真正的目标群体，明白为产品"掏腰包"的群体才是目标群体，一般的群体则不是；找出其他可能会和目标群体进行互动的角色，如在博客平台上，目标群体是博客作者，而互动角色是读者。设计者应该尽量细分目标群体，并且进一步细化典型用户的各种特征，目标是定义一位典型的早期接纳者，而不是主流用户。

第二，独特卖点。设计者应以清晰、独特、令人印象深刻的方式说明其产品更加优越，要想找出不同之处，最好的办法就是直接从要解决的头号问题出发推导独特卖点；如果这个问题确实值得解决，那就已经成功大半了。

第三，解决方案。经过几次用户访谈之后，设计者可能会重新为这些问题排序，甚至把问题换掉，所以不要忙着确定详细的解决方案，而应该粗略地想一想，针对每个问题，能提供的最简单的解决方案是什么，然后把它们写下来，尽量把确定详细的解决方案留到最后做。

第四，渠道与用户细分。无法建立起有效的渠道和无法细分用户找出核心消费群体，是初创企业面临失败的重要原因。初创企业的第一任务是分析用户需求，而不是一味地扩张，所以，刚刚开始的时候任何能够帮助企业建立产品渠道与细分用户的资源都应被充分利用。

图6-10 精益商业画布模板

第五，收入来源和结构成本。价格是产品的一部分，企业在定价的同时也定位了目标群体，即产品将服务于哪些人；让这些人"掏腰包"是一件困难的事情，但也是一种初级形式的产品验证，意味着产品能否创造出目标群体需要的价值，同时产品价格与产品价值匹配，目标群体才愿意"掏腰包"，使产品产生收益。设计者要想准确地预测将来会产生哪些开销是很困难的，所以应该把重点放在当下，把从产品制作到推向市场的过程中会产生的各种支出都列出来，如制作样机需要的成本，用户测试需要的成本，发布可行产品需要的成本，等等；把收入来源和结构成本结合起来，计算出一个平衡点，然后估计一下需要花多少时间、金钱才能达到这个平衡点。随后，这个信息将帮助设计者决定产品商业模式的优先级，即决定先尝试哪一种模式。

第六，关键指标。不管是什么类型的企业，设计者总能找到少数几个关键指标，借此评估该企业的经营状况。这些关键指标不仅能衡量企业的发展，而且可以突出产品生命周期中的重点时段。戴夫·麦克卢尔（Dave McClure）的"海盗指标组"是常用的评估框架：获取——用户如何找到你；激活——用户的第一印象如何；留客——如何留住用户，是否有回头客；收入——如何营利；口碑——用户是否会帮忙宣传。

第七，门槛优势。在产品商业模式中，人们经常将"首创"作为门槛优势，但是这样做往往会将优势变成劣势。贾森·科恩（Jason Cohen）提出过一个有趣的观点，那就是任何可能被"山寨"的东西都会被"山寨"，特别是当别人看到其产品商业模式确实可行的时候。例如，合伙人盗取源代码并以更低的价格在别处进行出售。所以，门槛优势定位为别人难以复制的东西。设计者可以从以下几个方面来分析产品是否有门槛优势：地方资源、价格、政策、人群、工艺、天然收藏价值等。而制作完成一张精益商业画布之后首先要做的事情就是验证，验证是否存在漏洞，存在漏洞又该如何修改。一种好的产品商业模式是"测"出来的、"改"出来的，很少是"想"出来的。图6-11是精益商业画布的相关案例。

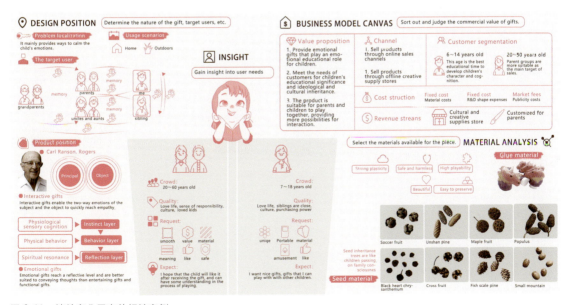

图6-11　精益商业画布的相关案例

第 7 章　公共服务产品设计流程

7.1　收集洞察与发现

初步了解问题的本来面目，是设计研究的一部分。请注意，这里的研究是指对在一定条件下使用产品的用户的调查研究，而不是科学家们为了寻找自然法则在实验室里做的科学研究。设计调研者会找到潜在用户，观察他们的行为，试图了解他们的兴趣爱好、动机及真实需求。

显而易见的问题通常是一个潜在的重大问题的表征，有时还是一个截然不同的问题的表征。例如，设计者可能会被要求设计一个更好用的狗粪铲，因为狗主人不想跟在狗后面捡狗粪。但研究表明，狗主人只是因为在遛狗时忘记带拾便袋。一个新的狗粪铲无法解决这个问题，所以这个问题的解决方案必须被重新定义为在狗主人需要的地方放置拾便袋，拾便袋可能在牵狗绳的手柄内，在遛狗乐园的拾便袋分发器里，或者在城市街道的关键位置。

观察是对客观事实或条件的感知。认知是一种持续存在于头脑的观察，伴随着对意义的期待。洞察是对已知事物的具有深刻意义的认识。洞察具有启发性和整体性，它以一种简单明了的方式探索复杂的关系或模棱两可的现象。

在设计研究之初，收集洞察可以帮助设计者自主确立研究课题和方向，加深对目标研究领域的理解。洞察的形成基于一系列的调查研究方法、专业化的设计等。对其中的很多方法，有用户体验设计、人本设计、产品可持续设计项目经历的设计者都较为熟悉。对于一次公共服务产品的设计实践而言，将洞察放到整个设计研究的最前端，可以替代盲目寻找课题或大海捞针式收集课题，但这并不代表设计者在一开始就需要对所涉及的领域有所洞察，因为所谓的洞察并非对事件的表面了解和认识，而是经过一定时间的研究和理解，对事件背后所隐藏的因素进行不断挖掘，才会得到的。那么，收集洞察首先就要求设计者借助他人的经验对课题加以理解和判断。

与其推崇一套理想却脱离实际的程序，设计者不如参考下面这些切合实际的方法，这有利于得出符合设计者当前具体需要和商业需要的洞察，帮助设计者获得一次好的设计起点。

初级洞察：了解人们在说什么；初级洞察需要公共服务体系中的相关人员组成前期的小组（4～5人），在短时间内进行面对面或电话、邮件等方式的深度采访，从访谈中得到的结果可以用于证明所选择的设计研究方向与相关人员可以达成共识。

中级洞察：能够看到什么；中级洞察一般基于10个人左右的调查，它能够为设计者提供更深入、更细致的洞察；这些洞察对比较关注长远价值而非眼前某个项目价值，或者希望在企业更大范围内分享洞察的组织而言更有意义；设计研究的输出包括关键洞察和概要描述，相较于初级洞察目标，这一层次的研究对课题把控和选择的作用要深入得多，并且可以帮助设计者发现一些隐患；设计者可以邀请参与者一同进行内部研讨，对有潜能的设计项目和领域各抒己见。

第 7 章 公共服务产品设计流程 / 149

高级洞察：意味着什么；高级洞察是一个相当细致的分析，需要深层次的采访并通过综合性的方法来进行；这种分析更有深度且更系统化，包含更多信息，且试图透过现象去探求事物的本质规律。

以上 3 个层次的洞察可以帮助设计者借助他人经验在短时间内收集到大量具有研究价值和潜力的课题。以关于鱼鳞再生材料在城市公共服务系统中的设计研究为例，设计者前期需要通过收集洞察与发现（图 7-1），合理筛选并选择最终的研究课题。

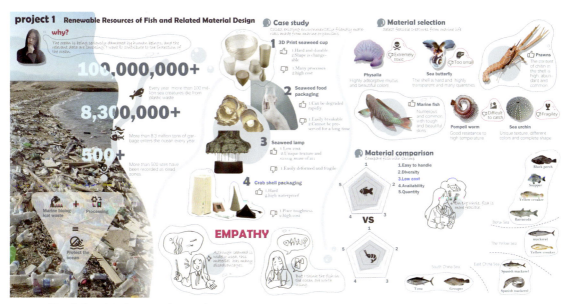

图 7-1　课题收集洞察与发现　设计：王思颖

7.2 策划实地调研

7.2.1 实地调研之前

在实地调研之前，设计者首先要抛弃先入为主的概念，做到去除焦点。去除焦点有两种做法：第一种是"撒下一张大网"，以便看到更大范围的情境、人物和背景，对整个实地的背景有一番了解；第二种是不把焦点完全集中在设计者的角色上。设计者应该走出他们的舒适区，在不违反身为设计者的基本原则的前提下，尽可能多地到实地去体验。

设计者选择实地调研地点时有3个相关因素需注意，即资料的丰富性、不熟悉的程度与合适性；有些地点可能比其他地点更能提供丰富的资料。如果实地调研地点中存在社会关系网络，有各种各样的活动，以及随时有不同事件发生，就会提供比较丰富和有趣的资料。刚开始从事实地调研的设计者应该选择自己不太熟悉的地点。在一个新的地点，设计者比较容易看出文化事件与社会关系；在工具方面，准备好笔记本、摄像设备等。

7.2.2 实地调研过程

许多时候，设计者直到后来才发现他所观察的事物之间的联系。这里有两点提示，首先，在所有时间里，敏锐的观察和优良的记录是很重要的，即使"看上去什么也没发生"；其次，隔段时间回头看看也是很重要的，设计者要学会正确看待等待的时间。许多设计者都提到，他们花了很多时间来"等待"，新的设计者则会因为他们似乎在"浪费"时间而感到失望，无论这些时间是花在等待他人上，还是花在等待事件发生上。新的设计者需要明白的是，等待的时间是实地调研的必要部分，是有价值的。实地调研为了建立起真正的用户同理心，通常会贯穿整个使用流程。但有的时候设计者无法直接进行观察，或者直接观察可能涉及道德问题，如询问个人敏感问题；另外，设计者有时很难找到实际用户，这时开展角色扮演模拟活动就显得尤其有效，结合访谈、脉络访查和次级研究等方法，在活动结束之后与真实用户交流，与真实情况进行对比。角色扮演过程中扮演者需要接受角色扮演中的一切事实，并且使自己处于一种积极参与的状态；注意，不要向他人进行角色咨询，不要有过度的表现行为，那样可能会偏离扮演的角色。图7-2、图7-3是关于鱼鳞再生材料在城市公共服务系统中的设计研究的实地调研记录。

7.2.3 负面证据

实地调研过程中设计者容易忽略的细节即"负面证据"。第一，未曾发生的事件，根据过去的经验，设计者预期某些事件会发生，但实际上却没有发生。第二，未被人们意识到的事件，有些活动或事件不会被情境中的当事人或撰写二手资料的设计者注意到。例如，在实地调研中参与者没有觉察到某议题的这个事实，并不意味着设计者也应该忽略它或不去检验这个议题的影响力。第三，人们想要隐藏的事件，人们可能误传某些事件以保护自己或他人，隐藏某些事件常见的手段有规避、说谎、伪装，这需要设计者透过表象洞察出人们隐藏事件背后的本质。第四，因习以为常而忽略的事件，生活中的常规事务界定了人们的期望，让人们形成了一种理所当然的态度。第五，设计者有成见的事件，设计者必须小心不要让自己被先前的理论框架或预设立场蒙蔽，看不到社会情境中的反面事件；对该看什么和哪些资料是相关的这种先入之见，可能会使设计者忽略其他相关的或不具支持性的证据。第六，无意识的未记录的事件，某些事件在设计者看来似乎并不重要，也没有记录的价值。然而，设计者如果对细致的观察详加记录，以批判的角度重新阅读笔记内容、寻找负面的个案，可能会发现一些被忽视的事件，如设计者认为公司聚餐并没有重要的研究价值，但是后来却发现公司聚餐在培养群体意识上扮演着一个相当重要的象征性角色。

第 7 章 公共服务产品设计流程 / 161

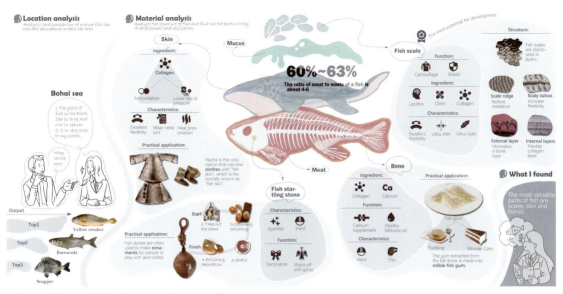

图 7-2 课题实地调研记录（一） 设计：王思颖

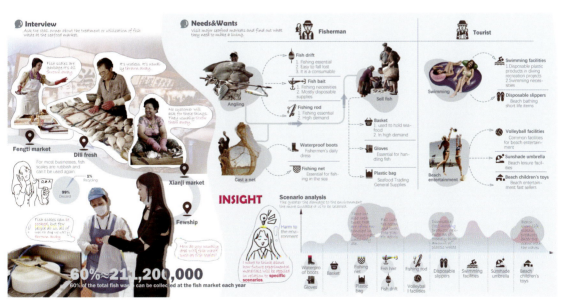

图 7-3 课题实地调研记录（二） 设计：王思颖

7.3 发散筛选课题

从提出创意、手绘草图、前期方案、最终设计、技术研究到市场投放,每个设计项目的进行都是一个艰难的过程。而这一切努力的前提是设计团队有能力在众多设计项目中独具慧眼地进行筛选,为设计团队扫清障碍,明确设计的方向。图7-4是关于鱼鳞再生材料在城市公共服务系统中的设计研究的思维发散系统图。"设计项目"这个词意味着过程而非结果,在这个过程中,设计团队将不停地探查用户对现有服务和产品的反馈,来不断优化或创造更有益的设计方案。

设计不是一个严格的线性过程,不过,合理的课题方向、比较精确和有计划的工作步骤是需要遵循的。设计是一个需要研究和想象的工作,设计团队在这个过程中需要不断地创新与尝试,也正因为如此,在外行人眼中,设计往往是无序的,而事实恰恰相反。设计团队经过多轮会议选择的课题,既要有足够广泛的适用面,可以应用于不同的设计情况、不同的产品类型、要求和目标等;又要具备良好的创新潜力和一定的颠覆价值,这意味着设计团队在开发过程中要承担很大的风险。但是在设计之初抛出的问题,就一定是最终要被解决的问题吗?如果这样,许多人会去检索这个问题的现有解决方案,导致设计团队作出看似相似又有不同的设计方案。所以,在设计之初,不盲从才是创新的源泉。

另外,设计团队对课题的确立不要急于寻求解决问题的方案,而要先明确目的并清楚辨识团队在未来工作中心无旁骛要解决的问题。因此,课题的确立要建立在集体讨论、观点论据、证实等基础之上;这意味着还要评估针对课题所吸纳的专家顾问及服务企业的能力,再一次明确目标用户的要求,并且将这些既不明确也不全面的用户要求转换为设计的专有关键词,方便设计团队讨论和执行。

对于许多经验丰富的设计团队而言,课题的筛选是一个艰难的过程,因为方向决策一定会存在风险,就像任何创新都存在风险一样,但是这更是一种机遇和设计的责任。然而,许多对产品的创新是基于用户的要求或是追随流行的,但实际上市场无力接受新的产品,即使产品具有良好的创新价值。因此,设计的决策方向应是将一个明确的行动路线具体化,然后设计团队围绕这一目标组织相关的设计任务、调配必要的人力物力。以下是关于如何进

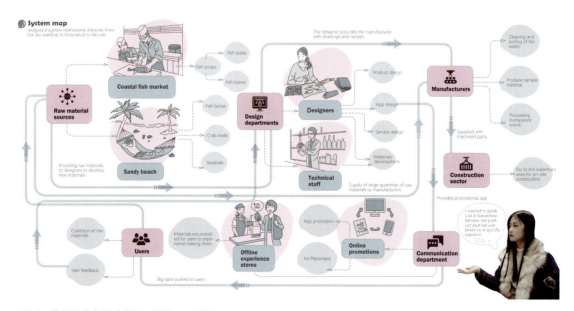

图7-4　课题思维发散系统图　设计:王思颖

行课题筛选和方向决策的参考因素,为设计团队提供选择的依据。

第一,开发因素,包括产品的唯一性、产品的新颖度、复制类设计竞争会带来的影响等;第二,商业因素,包括概念的商业优势、售后服务等;第三,创新优势,包括知识与设计能力的运用等;第四,生产因素,包括可运行的设备、可使用的工具、材料和技术、维修和运输、回收再利用与垃圾处理等。图7-5、图7-6是关于鱼鳞再生材料在城市公共服务系统中的设计研究的实验记录。

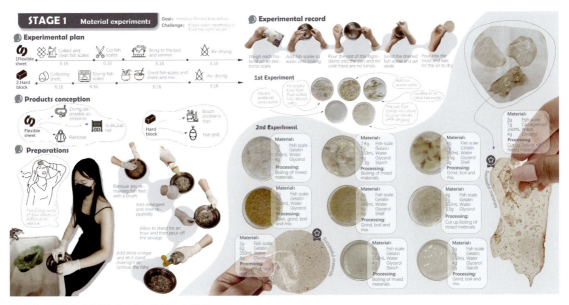

图7-5 课题实验记录(一) 设计:王思颖

图7-6 课题实验记录(二) 设计:王思颖

7.4 解读课题价值

7.4.1 个人收益层面

设计与商业无法完全分割,设计者应该反向思考,以一种包容的态度看待两者的关系,还应该努力寻找商业、消费和设计伦理的一致性,承认商业和消费的合理性,商业、消费和设计不是只能相互对立,合乎伦理道德的设计也要允许商业、消费的存在。设计不仅能够促进消费,还能够发挥在道德的尺度内引导消费的功能。但设计者不应盲目遵从商业需求而设计,而应关注社会问题,做以人为本的设计更能体现设计的意义。

7.4.2 社会价值层面

《为真实的世界设计》为设计催生了一个新的方向——为社会的设计。它从设计伦理的角度为我们阐述了设计除了其经济或商业价值,更应具有公平、公益与共享的社会价值。今天我们所面临的很多社会问题究其根本就是设计问题,如何通过设计唤醒社会公共意识,让设计形成一股推动社会进步的力量,使人的价值和尊严在社会中得到重视,是设计应当承担的社会责任,也是设计社会价值的凸显。

关于设计的社会公平性问题并不是一个新话题,威廉·莫里斯(William Morris)早在19世纪,就提出"为大众设计"的口号,这也成为当时众多设计者思考与实践的重点。因此,对于社会公共服务领域中的公平性体现,设计者也可理解为设计应关注来自不同层面公民的声音,尤其是困难群体的声音,在那些具有普遍性的社会问题中,通过设计创造平等机会。设计大众化包括3个特征:一是体现了多元共生的包容精神,它主张自由、兼容,具有反对精英化、贵族化倾向;二是通过大规模生产和市场传播,极大地占有大众的生活空间;三是以市场化和商业化为其生存和发展的支配力量,刺激和促进设计产业的发展,从而在满足用户心理和精神欲望的同时,也能带来可观的收益。

7.4.3 自然环境层面

设计者的介入必须是适度的、最小限度的和敏感的。因此,当我们谈到"通过产品污染"时,它包含7个组成部分:第一,自然资源被破坏了,更糟糕的是,这些自然资源常常是不可再生的;第二,掠夺性开矿等方式对这些自然资源的完全破坏,形成了一个污染阶段;第三,生产过程本身造成了更多的污染;第四,同样的生产程序也带来了工人的异化和反常;第五,过度的包装,非可降解的包装产生更多的污染;第六,产品的使用造成了更多污染及用户的异化和反常;第七,被丢弃的产品成了危害更持久的污染源。

7.5 定义设计目标与规划

经过系统的实地与网络调研,设计团队可以进一步挖掘设计目标和明确设计任务,这将是这一阶段的主要任务,即明确设计目标与规划。图 7-7 是关于鱼鳞再生材料在城市公共服务系统中的设计研究的设计目标与规划。设计目标与规划的开发过程对任何一个设计项目来说都是至关重要的。设计规划会勾勒出每一个需要考量的重要问题,决定哪些是必须执行的任务,规定好责任所属方,详细化全部时间框架,它是切实有效的设计蓝图。如果要做到让设计目标与规划卓有成效,设计者就需要把对公共服务产品设计的考量整合到整个设计实践当中,就像考量设计中的人机工程学、外观造型、生产制造这些方面在设计规划当中的角色一样重要。与此同时,设计者在陈述设计目标与规划的时候还需要特别有针对性、特别具体。举例来说,在一个公共车站的设计规划中,重点公共实体车站如何完成各项候车服务的同时,也要考虑公共车站对居住环境的影响,如何降低它在使用过程中的能耗。要完成这一系列要求,最终的公共服务产品需要被设计成能够拆卸并参与回收的形式。

这一阶段的设计目标与规划应尽可能详尽,但这并不代表设计目标不会在之后的设计迭代中发生变化。与之相反,随着设计的深化,设计目标与规划也会被相应地调整,但是这些调整需要经过设计团队的仔细讨论。因此,这一阶段的设计目标是初级的,但初级设计目标也许涵盖关于产品领域和服务企业的要求、目标产业的标准、设计限制条件等关键内容。初级设计目标应在设计启动时就拟定,提出的问题和计划也要精确、讲究方法和把控整体。初步设计目标要求团队成员将头脑中的想法和解决思路进行表述,具体内容包括项目研究范围;未来产品的使用质量(使用方便性、基本服务功能、附加功能、维修条件、材料回收、耐用性、运输与安装要求等);技术设备与技术方案的可行性评估(材料、制造工艺和成本等);产品的商业特性、市场类型;外观造型和趋势;等等。

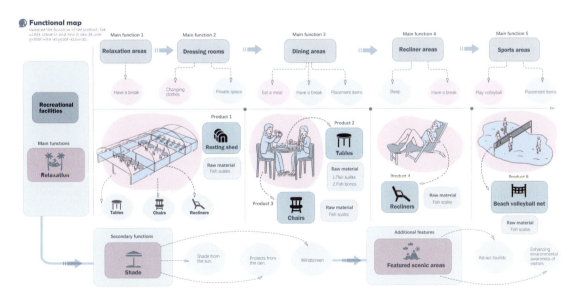

图 7-7　课题设计目标与规划　设计:王思颖

7.6 细化用户画像

用户画像是描述用户需求的工具,是通过用户调研和访谈获取用户的数据,抽象出用户的属性,总结用户的习惯、特征等,组合并搭建出的用户虚拟模型。用户画像强调的是一群人,是对群体宏观的把握,体现了群体的共性,是在单一或组合维度识别下,弱化群体中每个个体的形象与特色,从而聚合的一类用户的共有特征。图7-8是关于鱼鳞再生材料在城市公共服务系统中的设计研究的用户画像与需求分析。

7.6.1 构建用户画像的条件

第一,用户属性。用户属性包括年龄、性别、学历、收入水平、消费水平、所属行业等用户数据。用户数据作为特征训练模型,被用来构建完整的用户画像。

第二,用户偏好。用户偏好是互联网领域使用最广泛的信息,包括用户的社交习惯、消费习惯、特殊爱好等,能够对用户属性进行精准分析;在构建过程中主要是从用户海量的行为数据中进行核心信息抽取、标签化和统计。

第三,消费场景。消费场景是对消费者购买或发生消费行为时的特征进行具象化的信息,包括用户消费的经济价值(消费金额、消费频次)和用户购买行为(品类偏好、时间偏好、使用偏好)等。设计者只有了解用户的消费习惯和消费场景,才能为后面的产品推广做好准备。消费场景也是构建用户画像非常重要的一环。

7.6.2 构建用户画像的流程

第一步,用户数据采集。用户数据是构建用户画像的核心,也是建立客观、有说服力的画像的重要依据,一般涉及宏观和微观两个维度。首先是宏观维度,数据包括行业数据、用户总体数据、总体浏览数据、总体内容数据等。其次是微观维度,用户数据包括用户属性数据、用户行为数据、用户成长数据、访问深度、模块化数据、用户参与度数据和用户点击数据等。品牌方还可以根据自身的具体运营情况进行调整,添加或删减数据,构建适配度高的品牌数据资产。

第二步,用户数据分析及用户细分。在完成用户画像的基础数据采集后,设计者需要对海量的用户数据进行分析梳理,提炼出有效数据并构建有效模型,即根据相应的标准对不同维度的用户数据进行精细化处理,将其拆分成不同的用户群组和用户标签,对用户进行细分;依据用户属性、用户偏好、消费场景等要素将用户数据进行区分和处理,从而构建多维度完整的用户画像。举例来说,如果设计者正在研究18~34岁的女性,可能会发现30~34岁的女性的需求与那些25~29岁的女性的需求不一样。一方面,如果差异足够明显,那么设计者或许需要将这两个年龄段的用户群单独分开。另一方面,如果18~24岁的女性与25~34岁的女性的需求非常相似,设计者或许可以将其合并到一个用户群中去。创建细分用户群只是一种用于"揭示用户最终需求的手段"。设计者真正需要得到的是和发现的"用户需求数目"一样的细分用户群。

第 7 章　公共服务产品设计流程

创建细分用户群还有其他重要的原因，不仅在于不同的用户群有不同的需求，还在于有时候这些需求是彼此矛盾的。比如，最适合炒股新手的软件，可能是那种能自动将股票交易过程分解成简单步骤的软件。然而，对于证券分析师而言，这样的步骤可能会妨碍他进行快速操作；证券分析师需要全部的功能都集中在一个界面，且便于使用。

很明显，设计者无法提供一种方案同时满足这两种用户的需求；此时，要么选择针对单一用户群设计而排除其他用户群，要么为执行相同任务的不同用户群提供不同的方式。无论设计者选择哪一种方案，都会影响日后与用户体验有关的每一个选择。

第三步，完善用户画像。在完成了用户数据的基本呈现后，设计者还需要在创建出的用户角色框架中提取出更加关键的信息，根据关键特征数据进行用户评估分级，并且结合用户规模、用户价值和使用频率来构建用户画像，确定高净值用户群、一般价值用户群和潜在价值用户群。

完善用户画像会让用户画像的颗粒度更精细，从而为品牌方进行市场运营提供有价值的参考，更好地服务用户。构建用户画像的目的是解决用户的痛点、满足用户的需求。因此，设计者在完成第三步后，一定要结合洞察到的用户痛点来改进产品和服务。用户画像是刻画用户需求的模型，其本质是描摹用户需求，同时也是一切营销活动的基础。

图 7-8　课题用户画像与需求分析　设计：王思颖

7.7 重塑设计情境

用户体验的核心是能感受到产品物境、情境、意境营造出的舒适体验氛围和精神层面的价值（图7-9）。马斯洛需求层次理论揭示了一个从物态化设计形式到自我实现设计价值的意境化设计过程。显然，意境化设计是人本主义更高层次的表现，是上升到精神层面的设计形式。唐纳德·亚瑟·诺曼将设计分为本能水平、行为水平和反思水平。无论是人的需求层次理论还是设计都与"境界说"有着密切联系，人的情感是由"境"引发的，"境"属于美学体验范畴，王昌龄提出"诗有三境"，他把"境"分为物境、情境、意境，物境偏于形似，情境偏于情景，意境偏于意蕴。

第一，物境体验。物境体验是用户体验的初级阶段，是用户通过听觉、视觉、触觉、嗅觉等感官活动对产品外观与质感的直观感受，是即刻的情感效果。这个阶段的体验是用户对产品的物境层的初次认知。用户对产品外显层中的形态、色彩、材质等具有代表性的文化元素进行解读，以此获得感官层面诸如喜欢、好奇等的情感体验。

第二，情境体验。情境体验是用户体验的中级阶段，是用户在物境的基础之上对产品的解读，需要人、产品、环境的完美结合，即用户在特定环境下使用产品时，达到的物我两忘的浑然一体的状态。因此，情境体验是指通过模拟用户行为或营造产品使用情景引起用户身临其境的体验，即用户在特定环境中通过对产品的操作和效用（包括功能、易读性、可用性和物理感觉等特征）进行移情理解，以及对产品情境层进行体验后得到的认知。情境体验是在相对封闭的情景中被引导所产生的设计使用过程体验感受。

第三，意境体验。意境体验是用户体验的高级阶段，是用户在物境体验与情境体验的基础上形成的最深层次的体验感受。用户对产品使用后，基于个人认知与经验对产品的回味与思考，包括内隐层中蕴含的文化内涵与价值取向的感知与共鸣。在意境体验过程中，除了凭借表层认知去理解产品的内容，用户还需结合自身的文化背景、审美价值观、生活经验等，借助联想、领悟、猜测等非逻辑思维方式，对其文化主题进行自我理解与升华，从而获得心理、精神层面的转换与提升。

用户体验的3个层次是一个由浅入深、层层递进的过程。体验经济时代下公共服务产品不再以单一的基础功能为要素，而更关注情境体验和引人入胜的意境体验，因此，公共服务产品需从对"物"本身的设计，过渡到以人为本对"人"的分析，再到对"事"进行叙事设计的研究。

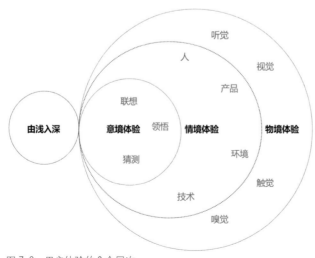

图7-9 用户体验的3个层次

7.8 梳理服务体系

系统图简单、直观,能够形象地将繁杂的流程展现出来,用于梳理服务体系。图7-10是关于鱼鳞再生材料在城市公共服务系统中的设计研究的系统图。系统图分为两类:对策型(或称措施展开型)及原因型(或称因素展开型)。

对策型系统图以"目的—方法"的形式展开,设定目的、目标、结果等要达到的终点,将所应用的手段和方法依次展开,以达到这个终点。例如,问题是"如何提高员工满意度",进而变成"如何达成此目的,有哪些方法"。经企业内部员工代表"头脑风暴"后发现有如下方法:减少加班时间,改善食堂饭菜质量,推行绩效奖励机制等,这被称为一次方法;再将"减少加班时间"等一次方法展开,继续发问"有哪些方法可以减少加班时间",以此得到二次方法;后续同样就每项二次方法转换目的,进一步展开成三次方法。这样层层展开,最后成功建立对策型系统图。

原因型系统图以"结果—原因"的形式展开。例如,问题是"为何某产品废品率突然提高",进而变成"导致废品率突然提高的原因有哪些"。经持续改进小组分析讨论发现原因是人力不足,新进人员多,新员工操作不熟练等。接着以"人力不足,新进人员多,新员工操作不熟练"等为结果,再分别追问"为何形成此结果,原因又有哪些";其中"人力不足"的原因被分解为招聘困难,人员素质不够等;继续展开,同样就每项本次原因展开成下次原因,最后成功建立原因型系统图。

系统图的特点:第一,图形表达,简洁直观,易于对事项进行展开;第二,系统分析,全方位问题解决,避免出现遗漏;第三,思考具有逻辑性,不会偏离主题;第四,避免主观判断,协调归纳各方意见,容易达成共识且较具说服力;第五,可与因果图结合使用,更迅速有效地找出问题根源;第六,易于找到合适的方法或工具;第七,对于涉及范围较广或比较复杂的项目或目标,效果更突出,很容易将目标分层展开等。

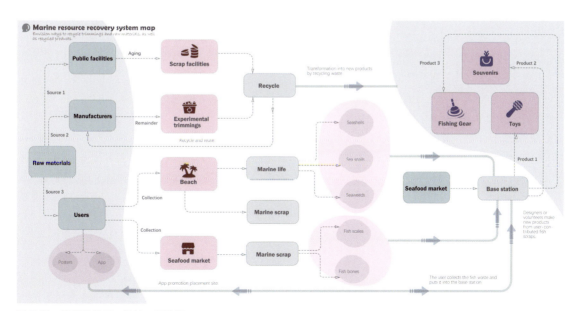

图7-10 课题系统图 设计:王思颖

7.9 评估设计创意

7.9.1 设计能否引导用户行为

任何设计的最终目的都是吸引用户，维持用户黏性。在现阶段的市场中，输出物大多是在原有的基础上进行升级以满足用户需求。图7-11是关于鱼鳞再生材料在城市公共服务系统中的设计研究的创意评估。最初人们对产品的选购要求是好用，随着生活的改善、认知的发展，人们会将好用、易用及超越期待的体验作为选购标准。这就要求设计者在设计活动中为用户增加体验值，通过打造峰值体验和关键时刻来满足用户需求。行为设计，即通过观察用户的行为，发现其使用过程中的问题与需求，找到重要触点，通过设计引导用户行为的发生。

在产品研发活动中，设计者往往会采用顺势思维，把符合行为规律的操作作为产品使用方式。障碍行为设计就是违反常规的行为设计，用户在使用过程中会"不舒服"，这种方式可用于引导用户改正错误习惯、对当下或未来不利的行为。比如，地铁站内的公共座椅就是基于上述逻辑设计的。地铁站人流量大，乘客长时间停留会增加拥堵风险，有限的就座空间也很难满足乘客短暂休整的需求。加之公共座椅冰冷坚硬，座面光滑且倾斜，体验感差，乘客因此不愿久坐，这就是设计的目的。

7.9.2 产品是否遵循可持续的生命周期

设计者应回顾如产品生命周期评测等方法来评判自己的设计方案，并且及时发现设计方案中不必要的对环境的负面影响，从而及时调整设计方案。产品的整个生命周期遵循"从摇篮到摇篮"的3个原则：第一，废料即原料，通过设计，使废弃的产品也能成为生产新产品的资源，从而减少整个生产及使用周期内的资源浪费；第二，使用太阳能，在所有过程中运用可再生能源；第三，提倡多样性，为用户需求量身定做产品（而非提供一成不变的通用产品），充分利用当地的资源并促进当地生物多样性的发展。

可持续设计注重产品设计与周围环境的和谐统一，在满足当前需要的同时，又能兼顾后续发展的诸多需要。正如埃佐·曼奇尼所言，可持续设计是一种系统的设计策略，在保护生态环境的同时，还会兼顾用户需求、环境效益、社会效益与企业发展。

设计者从可持续设计的角度进行设计的过程中，不仅要考虑可拆装性在产品的生命周期中将影响产品的使用、回收、运输、维修材料的可持续性，还要考虑产品使用的可持续性，在满足经济性指标的前提下，选择既环保又耐用的轻质材料。

7.9.3 产品可行性评估

SWOT分析是一种常用的战略制定工具，是哈佛商学院教授肯尼斯·安德鲁斯（Kenneth R.Andrews）于1971年在《公司战略概念》一书中首次提出的。SWOT是优势（Strengths）、劣势（Weaknesses）、机会（Opportunities）和威胁（Threats）的英文首字母缩写。通常"S"和"W"用来分析企业内部状况，"O"和"T"用来分析企业外部状况。通过SWOT分析，企业可以较为清晰地知道自身在综合环境中所处的位置，方便企业作针对性决策。

第一，内部分析（优势和劣势），评估项目、组织或个人的内部优势和劣势。这可能包括核心竞争力、资源和能力、管理团队、市场地位、品牌形象等。优势评估，即产品是否具有明确清晰的卖点；产品的独特卖点是什么；产品是否拥有丰富的内部资源作支撑；产品是否有忠诚的客户。劣势评估，即产品是否缺少或受限于某些因素，如资金、设备、人员；产品生产过程是否有需要提升的方面；产品的竞争对手在哪方面做得比自身更好。

第二，外部分析（机会和威胁），评估项目、组织或个人所面临的外部机会和威胁。这可能包括市场趋势、竞争分析、法规变化、技术进步等。机会评估，即产品市场是否扩大；现今是否有正在发生的事件是企业能够利用的；产品的哪些优势可以转化为市场机会点。威胁评估，即现今有没有什么制度改变会影响到产品；产品是否具备足够的实力去长时间满足现有用户的需求。

内部分析的结果与外部分析的结果结合起来，可形成SWOT矩阵。内部优势与外部机会匹配，可识别出可利用的机会；内部劣势与外部机会匹配，可识别出需要解决的问题；内部优势与外部威胁匹配，可识别出可能的挑战；内部劣势与外部威胁匹配，可识别出需要防范的威胁。

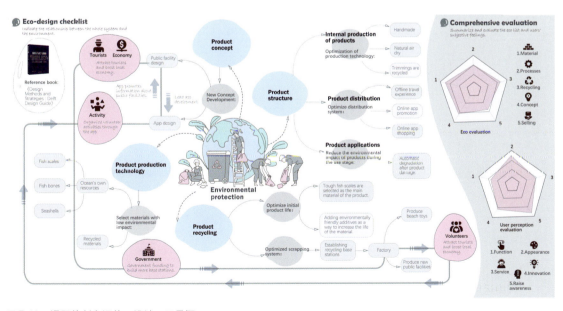

图 7-11　课题的创意评估　设计：王思颖

7.10 输出设计原型

了解一个创意是否合理,唯一的方法就是测试,为每一个可能的解决方案制作草图原型和实物原型。图 7-12、图 7-13 分别是关于鱼鳞再生材料在城市公共服务系统中的设计研究的草图原型和实物原型。在这个过程的初期阶段,原型可能只是用泡沫板、卡纸、胶水、纸杯等制成的,或是用简单的绘图工具画出来的。初代原型使用的材料越简单、越便宜越好,这样当设计者制作完初代原型,产生新的想法的时候更容易放弃它,进入下一个迭代的阶段。原型的低保真、高保真程度(也就是原型的详细程度)可以帮助设计者在创新的不同时间点找到合适的类型。

低保真:应用于初期阶段;在平面设计中,模板是一种低保真原型,它是印刷品的模拟版本,通常供用户校对使用;在工业设计中,草图是低保真阶段常使用的表现手法,对产品的探索和改进都有很大的作用。

手绘草图存在于设计的不同阶段,发挥着不同的作用;在设计的初期阶段,能帮助设计者探索产品的造型、意义、功能及美学特征。在设计的整合阶段,探索性的产品手绘草图能帮助设计者更直观地分析并评估设计概念。手绘草图只有在正确的情境中使用才有意义。只有有效地表现出设计者的想法,手绘草图才算达到预期的目标。因此,设计的不同阶段可能需要用到不同的手绘草图。由于时间在设计项目中十分宝贵,在创意过程中,快速完成的手绘草图往往比 3D 渲染图效率更高。

高保真:靠近尾端的解决方案;高保真原型通常在外观和感觉上更加精致,有时候甚至连基本的功能都很像最终产品,这些在后期阶段的评估测试中非常重要,用户可以从美观性、形式、互动性和可用性方面提供反馈意见;高保真工业设计原型的实例包括计算机辅助设计(Computer Aided Design, CAD)、实物形式的精密模型或具有某种程度交互功能的工作模型;在软件设计方面,高保真通常意味着可以实现交互,能够提供真实用户体验并获得反馈意见。

在原型阶段,设计者将服务、产品和解决方案变得有形很重要,这样用户就可以体验。如在关于鱼鳞再生材料在城市公共服务系统中的设计研究中,当我们给用户展示多个原型,每次向用户展示一个原型时,他们的反应都是积极的,"它非常好""我喜欢它""干得好"。然而,当我们对比 3 个原型时,用户提供了更多的实质性反馈,他们能够清楚说出初代原型的哪些部分让他们完全无法忍受,二代原型的哪些地方让他们很喜欢,以及如果能够和三代原型的某部分结合起来就更好了之类的想法。

制作原型的要点:第一,在制作原型的过程中从人物角色的需求和市场趋势着手;第二,始终基于问题"要测试什么"来制作原型;第三,服务天生不具有价值,只有当用户将效果归因于此,价值才会产生;第四,确保尽可能多的用户将价值归因于所提供的服务;第五,尽早测试原型,原型是必须仔细检查的假设;第六,使用可用于制作原型的材料;第七,确保目标和原型在成熟度上匹配;第八,在整个项目中始终安排足够的时间进行原型制作和测试;第九,让最终要实施原型的团队成员尽早参与项目。

原型主要是为了探索,而不仅仅是描绘,应该帮助设计者证实或驳斥一种猜测。一个失败的原型仍然可以成功:通过揭示一个问题,说明不可行的地方,并且对下一步应该做什么提出建议。

第 7 章 公共服务产品设计流程 / 163

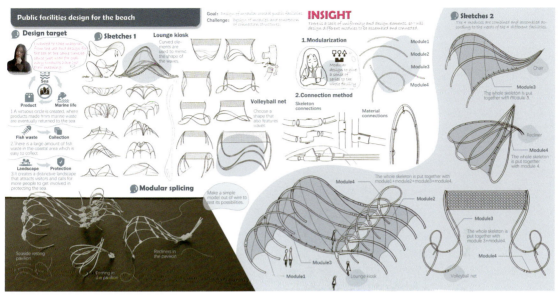

图 7-12 课题草图原型　设计：王思颖

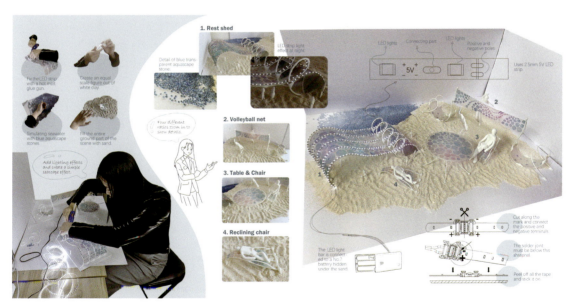

图 7-13 课题实物原型　设计：王思颖

7.11 阶段性测试与反思

设计者可以运用焦点小组完成阶段性测试，焦点小组不仅仅是让一群人聚在一起交谈，在规模、目的、组成和程序方面，它更是一种特殊类型的小组（图7-14）。焦点小组的目的是听取和收集信息。参与者被选中是因为他们有一定的共同特征，而这些特征与焦点小组的课题有一定的联系。设计者应在一个宽松的环境中创建焦点小组，鼓励参与者分享观点，而不是强迫参与者参与投票或达成共识；邀请几组类似的参与者分别进行讨论，这样才可以确定大致趋势和模式。图7-15是关于鱼鳞再生材料在城市公共服务系统中的设计研究的焦点小组记录。

（1）准备阶段。在此阶段，发起人应制订一个计划，包括项目目的、详细的样本选择、焦点小组的数量和设计者的责任；一旦目的明确，设计者即可进行文献综述，咨询与研究课题相关的专家。

（2）分组数量。项目的性质决定了焦点小组的数量；定性研究者并不是基于统计意义和样本的大小作出决定的，而是根据判断和经验；分组数量与参与者的数量有一定的关系，大多数项目可以用4~8组完成，超过10组则不太恰当，因为额外的小组一般不会产生新的见解或更多的信息；经参

与者同意，设计者应对讨论进行录音。

（3）环境设定。根据项目目的，焦点小组的中立性可能是一个问题；一般来说，地点应在会议室、图书馆、老年人活动中心或某人的家里；对于主持人来说，参与者有姓名牌将有助于促进讨论；如果条件允许，设计者还可以提前准备一些零食，让参与者感到更放松。

（4）参与者。参与者不是随机的，而是项目的利益相关者；样本应该是均匀的变量，每个组一般有6~12名参与者，设计者要考虑目标人群的人口学特征及其与讨论目标有关的特征，此外，对照组可能会产生重要信息；最后，设计者可以为参与者准备礼物表示感谢。

（5）主持人。主持人的责任是从参与者的讨论中收集观点，其作用是创造支持性、非批判性的气氛，鼓励其他人参与。在小组讨论的第一阶段，主持人首先要组织参与者进行友好的介绍，接着开始讨论一般的问题，然后过渡到具体的问题，其间使用探索的方法促进互动，缩小讨论或扩大到新问题；同时，主持人应通过眼神接触和点头来鼓励参与者，在讨论结束时，总结讨论结果，并且要求参与者提供他们认为重要却没有讨论的话题。这种方法可以产生一些没有在讨论中出现的有价值的数据。

（6）数据分析。焦点小组产生的数据是定性的，当参与者被问及信仰、态度和价值观等时，他们的反应是分析的焦点；分析往往由主持人完成，同时，最好有3个相关人员参与分析，以减少主持人的偏见。第一阶段的分析发生于主持人和设计者决定要进一步促进哪一反应或定向。第二个阶段的分析发生于每一个会话，设计者与分享观点的焦点小组互动，并且确定会议的主题。最后，设计者通过审查转录的磁带和注释，再次捕捉关键信息。

以下是焦点小组的优势和劣势。

（1）优势，即更容易表达观点。焦点小组讨论

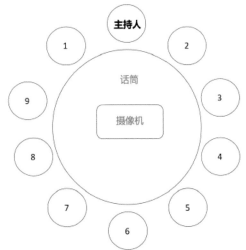

图7-14 焦点小组

相对简单易行，能够产生大量的数据，并且精确感知话题。焦点小组不仅获得了可能无法被观察到的话题，而且确保了数据和研究主题紧密相关，这种方式既快速又简单。此外，焦点小组讨论可以提供一个快速的周转时间让设计者进行数据收集。当数据收集缺乏可靠性和有效性时采用焦点小组的方法是可行的。焦点小组还有一些其他优势，如它让设计者能够理解人们为什么会这样感受，并且让设计者有机会研究集体意识对某种现象及其周围意义的构造。

（2）劣势。首先，焦点小组讨论的引导者往往会预设一些用来提问的问题，而不会让每个人随机地自由讨论。其次，焦点小组是由利益驱动的，设计者的选择和引导，使他们不能像参与者一样客观，所以总有一些影响参与者表述观点的不确定因素，特别是主持人可能会影响组内的互动。

完成焦点小组讨论以后，设计者将参与者反馈的信息进行整合反思，制作成优化清单。优化清单是一个很好的桥梁，有序地连接每一次反思与测试。以下是优化清单使用流程。

（1）在已有的设计要求清单的基础上搭建结构框架，便于完善此后提出的设计要求。

（2）尽可能多地定义各种设计要求。

（3）找到知识空白，即找到需要通过调查研究才能得出的信息；将设计要求应用于调研实践，确定可观察或可量化的特征的变量。

（4）分清用户的需求和愿望；需求一定要被满足，而愿望可以作为选择设计概念或设计方案的参考因素。

（5）删除相似的设计要求，消除歧义。

（6）检查设计要求是否有层次，并且区分低层次与高层次的设计要求。

（7）确保设计要求达到以下标准。每个设计要求都是有效的；设计要求清单是完整的；每个设计要求都是可具体操作的；设计要求是适量的，不重复；设计要求清单是简明扼要的。值得注意的是，花费太多的时间在分析和定义设计要求上可能会妨碍设计的创意过程，设计者可以运用迭代的方式，交替进行焦点小组测试和设计标准定义，切勿因为过度定义设计要求而限制了更多的可能性。

图 7-15　课题焦点小组记录　设计：王思颖

7.12 展示方案效果

3D效果图（图7-16、图7-17）：3D建模即用3D的语言来描述产品形态和结构的过程，它的优点是具有设计的直观性和真实性，在空间内多角度地观察调整产品的形态，可以省去原来的部分的样机试制过程，也可以更直观地构思出产品的结构，从而更具体地表达产品构思，提高产品设计质量；3D效果图有形态比例关系和精致的细节设计，可以直观地用于沟通交流。

实景合成：根据已有的场景图像或模型信息，通过计算机算法生成新的合成图像的过程；实景合成技术在计算机图形学、计算机视觉、虚拟现实等领域，能让用户进行沉浸式体验。

基于模型的实景合成是在已有的场景信息的基础上进行合成的。这种方法利用已知的几何、光照和材质等信息，通过渲染算法生成新的合成图像。常用的方法包括光线追踪和辐射传输方程。

故事板（图7-18）：在方案展示的过程中，故事板可以展现极富感染力的视觉素材，使产品故事更加完整地被阐述，即用户与产品的交互发生在何时何地、用户与产品在交互过程中有哪些行为、产品是如何使用的、产品的工作状态、用户的生活方式、用户使用产品的动机和目的等信息皆可通过故事板清晰地呈现；设计者可以在故事板上添加文字辅助说明，这些辅助信息在讨论中也能发挥重要作用。

故事板使用流程：第一步，先确定创意想法、模拟使用情境及一个用户角色；第二步，选定一个故事和想要表达的信息，即想通过故事板表达什么，简化故事，简明扼要地传递一个清晰的信息；第三步，绘制故事大纲草图，先确定时间轴，再添加其他细节，若需要强调某些重要信息，则可通过变换图片尺寸、留白空间、构图框架或添加注释等方式呈现；第四步，绘制完整的故事板，使用简短的注释为图片信息作补充说明，不要平铺直叙，不要一成不变地绘制每张故事图，表达要有层次；第五步，思考故事板的顺序和视觉表现手法，故事板也可以用于制作视频短片，如用于制作一个关于该设计的独特卖点的视频。

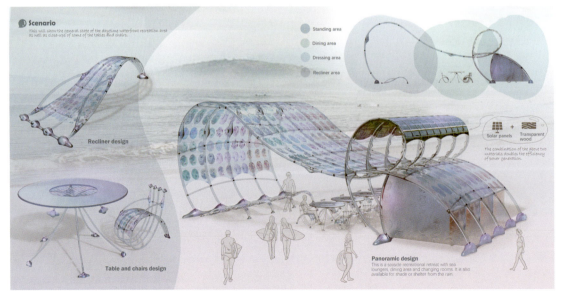

图7-16 课题3D效果图（一） 设计：王思颖

第 7 章　公共服务产品设计流程　/　167

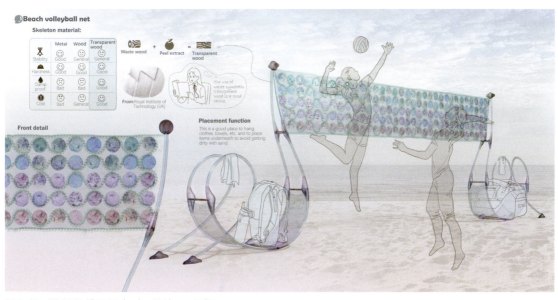

图 7-17　课题 3D 效果图（二）　设计：王思颖

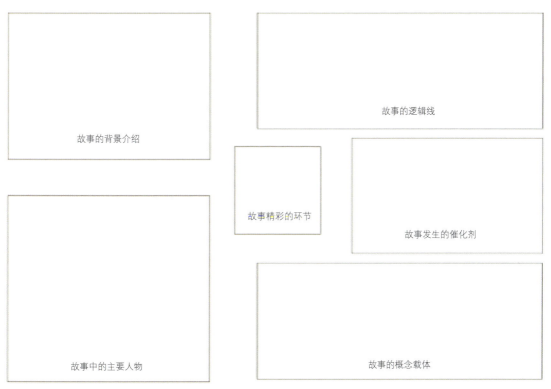

图 7-18　故事板

7.13 交付样机与预想图

7.13.1 样机制作

样机制作是指当产品设计完成后,设计者需要通过简单快速的加工方式制作样机来验证产品设计是否满足各种设计要求,如产品的功能、装配、测试等要求。图7-19、图7-20是关于鱼鳞再生材料在城市公共服务系统中的设计研究的样机展示。一旦发现产品设计不满足这些要求,就需要修改设计,直到满足为止。现代大多数的零件制造工艺都需要模具,而模具制造时间长、成本高,且修改不容易。样机制作作为验证产品设计合理性的一种方法,可以减少设计的错误从而避免后续模具的反复修改。样机制作的方法主要有快速成型、数控加工等。一般来说,样机制作不能验证零件的可制造性,除非按照零件的实际制造工艺来制造零件,但这往往是不可能的。

快速成型:是指快速制作产品原型的一种技术,包括3D打印、激光快速成型等;通过快速成型技术,设计者可以快速制作出样机原型,以进行后续的测试和验证。

数控加工:是指利用数控机床等加工工具,对机械的零件进行生产和加工,数控机床由数控加工语言进行编程,再利用数字化设备控制进给速度和主轴转速,以及工具变换器、冷却剂等,以此来对基材表面进行物理加工;数控加工相对于传统生产设备需要手动操控生产程序,具有更精确、更灵活、更智能等优势,如数控加工生产出的零件非常精确且具有可复制、可重复性,而手动加工或多或少存在误差,且对人工的经验技术要求更高,数控加工可以生产手动加工无法完成的具有复杂外形的零件等。

7.13.2 装配方面的要求

装配是指把多个零件组装成产品,使产品能够实现相应的功能并体现产品的质量。从装配的概念可以看出,装配包含3层含义——把零件组装在一起;实现相应的功能;体现产品的质量。装配不仅仅是指拧螺钉,简单地把零件组装在一起,更是指组装后产品能够实现相应的功能,体现产品的质量。装配是产品功能和产品质量的载体。对于任何一种产品来说,在经过零件加工制造并成为产品之前,需要进行装配。

爆炸图,就是立体装配图、具有立体感的分解说明图,一个最简单的爆炸图,可以只"爆炸"产品某一关键的局部,当然也可以选择单项"爆炸"、双向"爆炸"或三向"爆炸"。产品爆炸图,又称"产品拆解图""产品分件图",主要是为了阐明产品每个零件的材质、名称及结构拼接形式,让他人易于理解;形象展示产品内部零件与外壳部分的关系,用来探讨装配时可能遇到的各种潜在问题,尤其是产品内部结构和功能实现结构方面的问题。

为了完整、清晰地表述产品各个方向上的形状,设计者在机械制图设计中常使用视图来表述产品的外部结构形状。常见的视图包括6个基本视图、向视图、局部视图和斜视图等。6个基本视图分别是由前向后、由上向下、由左向右投影所得的主视图、俯视图和左视图,以及由右向左、由下向上、由后向前投影所得的右视图、仰视图和后视图。基本视图具有"长对正、高平齐、宽相等"的投影规律,即主视图、俯视图和仰视图长对正(后视图同样反映零件的长度尺寸,但不与上述3个视图对正),主视图、左视图、右视图和后视图高平齐,左视图、右视图、俯视图和仰视图宽相等。另外,主视图与后视图、左视图与右视图、俯视图与仰视图还具有轮廓对称的特点。

7.13.3 模块化产品设计

模块化产品设计是指把产品中多个相邻的零件合并成一个子组件或模块,而一个产品由多个子组件或模块组成。复杂产品设计可被分解为多个功能模块,从而简化产品结构和减少产品总装配工序;

第 7 章 公共服务产品设计流程 / 169

同时，模块化的子组件便于在产品总装配之前进行质量检验，装配质量问题能够更早、更容易被发现，避免不合格的产品流入产品总装配线，从而提高产品装配效率和装配质量。模块化产品设计同时是互换性设计。当一个子组件在工厂装配或在使用中发生问题时，很容易被替换，这有利于产品的维护，同时避免因为子组件的质量问题而造成整个产品报废，从而降低产品成本。另外，模块化产品设计能够帮助企业实现产品"按单定制"，满足用户个性化的需要。

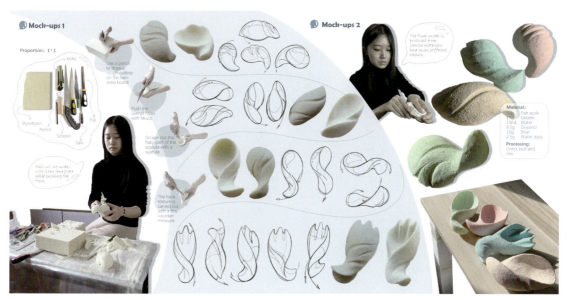

图 7-19　设计项目样机展示（一）　设计：王思颖

图 7-20　设计项目样机展示（二）　设计：王思颖

7.14 用户参与使用与反馈

既然设计出了服务，最直接的方式就是让用户参与使用并给予反馈。图7-21、图7-22是关于鱼鳞再生材料在城市公共服务系统中的设计研究的用户使用样机的反馈记录。最常用的3个指标是净推荐值、用户满意度和用户费力度。

第一，净推荐值可以让企业知道，自己的用户会有多大的可能性向其他人推荐其产品或服务。数值越高，用户忠诚度就越高。净推荐值可以帮助企业找到高忠诚度的用户，尤其是老用户，是检验品牌受欢迎程度的重要指标。企业根据愿意推荐的程度让用户用0～10分进行打分，从推荐者与贬损者的百分比差值来计算净推荐值。评分在0～6分的是贬损者，他们对服务不满意，更糟糕的是，他们可能会传播负面评论；被动者落在中间的某个位置，分数为7～8分，他们对服务比较满意，但不乐意积极向同行推荐该服务；而分数在9～10分的是推荐者，他们愿意与他人积极分享服务并向他人推荐，自己也更可能频繁地使用该服务。提高净推荐值是一个系统工程，不仅要求方案设计者具有扎实的理论基础，而且要有丰富的实践经验作支撑。

第二，用户满意度是通过用户反馈调查或评分系统，测量的用户对服务的整体满意程度，是一个关键的指标，因为满意的用户更有可能成为忠实的用户。为了获得用户满意度数值，企业会向用户询问他对刚刚接受的服务的满意程度，一般采用5分制或7分制的利克特量表，或者1%～100%的量表。在用户满意度调研中，企业一般还会附加其他问题，让用户回答一组问题或完成一份详细的问卷，深究满意或不满意的原因。这意味着，与净推荐值不同，用户满意度更加关注细节和具体的体验环节，着眼于短期，改善现有产品。

第三，用户费力度。在净推荐值和用户满意度专注于评估是否为用户创造更愉快的体验时，用户费力度主要用来评估用户在接受这项服务中所需要付出的努力是否减少了。跟踪用户在接受服务过程中的工作量可被视为每项服务的重要业务目标，为用户省时省力，他们自然有种"真贴心，为我着想了"的被关爱的感觉，因此会获得更好的体验。以"微信红包"为例，不管是过年还是平时，"微信红包"已经成为聊天中不会被忽略的功能。用户只要点击聊天界面输入框右边的"+"号，就可以找到"微信红包"的功能了。事实上，在微信的初始期，"微信红包"的功能是在"我的"的"支付"界面里，和许多其他功能一起以九宫格的形式排列。微信团队意识到"微信红包"功能在这个界面"藏得太深"，用户懒得操作，甚至根本找不到，应该让发"微信红包"的入口离用户更近，更便于用户操作，于是，把"微信红包"功能迁移到了聊天界面。"微信红包"入口的改变，让用户一眼就能看到，自然也提高了使用的频率。可见，"微信红包"也在不断地降低用户费力度。

第 7 章 公共服务产品设计流程 / 171

图 7-21 用户使用样机的反馈记录（一） 设计：王思颖

图 7-22 用户使用样机的反馈记录（二） 设计：王思颖

7.15 项目的评估与综述

公共服务产品大致从形式、结构、功能、材料、色彩5个维度进行评估，评估过程中可以运用雷达图进行数据的可视化。

7.15.1 雷达图的含义及特点

雷达图（图7-23），也被称为"蜘蛛图"或"星形图"。雷达图以一个中心点为起点，向外延伸出多条射线，每条射线代表一个维度，各条射线上的点相连构成一个封闭的数据区域，每个区域代表一个变量。雷达图的特点：第一，多维度数据展示，能够同时展示多个变量之间的关系；第二，易于理解，展示不同变量之间的相对关系，有助于快速洞察趋势和优势劣势；第三，易于比较，可以看到各个维度上的差异和相似之处，支持数据对比和决策。

7.15.2 形式美法则

第一，变化与统一。在均衡与对称中求得变化与统一，在变化与统一中求得对比与调和，任何一个好的公共服务产品设计，都力求把形式上的变化与统一完美地结合起来，即统一中求变化，变化中求统一。或者说，引进冲突或变化，通过对比、强调、韵律等形式法则来表现造型中美感因素的多样性变化。变化中求统一，主要是利用美感因素中的统一性来处理，通过协调、次序、节奏等形式法则的运用，来求得理想的效果。

第二，均衡与对称。均衡与对称是物质为了适应大自然的规律而产生的一种平衡、稳定的力学现象。均衡与对称在自然界中的存在极为普遍，在设计中的应用也非常广泛。均衡是以中轴线或中心点来保持力量的平衡，左右形态虽不相同但整体布局给人的视觉感受是相同的。均衡给人安定、平稳，却不失变化的感觉。对称是以中轴线划分的，上下左右形体和分量均匀相等。对称是均衡存在的最完美形式。对称的形态稳重、大方，形象完美、和谐，但有时会给人呆板的感觉。

第三，对比与调和。在产品的形态设计中，对比与调和是辩证统一的。一个形态中，往往在一些方面采取对比的手法，在另一些方面采取调和的手法，使产品的形态既服从造型的功能要求，又符合产品结构、工艺的合理性和选材的科学性。对比与调和在公共服务产品的形态设计上的应用，主要体现在体量、形状、线条、肌理、质感、色彩、虚实及方向的设计中。

第四，分割与比例。公共服务产品的立体造型的各部分的尺寸和用户使用的关系要恰如其分，既合乎使用上的要求，又满足用户在视觉上的要求，这就涉及立体造型设计的比例问题。比例的构成在组织上含有浓厚的数理概念，但在感觉上却表现出恰到好处的完美分割。比例是和分割直接联系着的。数学上的等差级数、等比级数、调和级数、黄金比例等都是构成优美比例的主要基础。

第五，视错觉的应用。横向分割与纵向分割是设计者常用的两种造成视错觉的手段。为了体现薄、精密、高档，设计者在进行公共服务产品的设计时运用横向线，这样可以在视觉上改变厚度，从而达到希望的形象效果。在进行交通工具设计时，设计者可以运用纵向线来分割物体，以造成视错觉，达到改变形象的目的；在使用纵向线时，要尽量减弱或压缩横向线对它的干扰。同样大小的

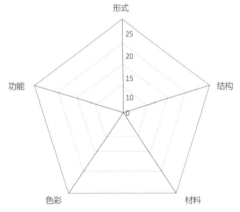

图7-23 雷达图

表面，因外框设计的不同，就会有大小之分的视错觉。设计者也要掌握用户心理，利用线条、色彩的视错觉来扩充加强外形的变化；利用视错觉的目的，是诱导用户按设计者的意向去观察物体，以达到满意的视觉效果。

7.15.3 结构要素

第一，外部结构。外部结构不仅是指外观造型，还包括与此有关的整体结构。外部结构是通过形式和材料来体现的：一方面，是外部形式的承担者和内在功能的传达者；另一方面，通过整体结构使元器件发挥核心作用。而驾驭造型的能力、材料、工艺知识及经验是优化外部结构的关键所在。设计者不能把外部结构仅仅理解成表面化、形式化的因素，因为在实际设计中它会受到各种因素的制约。在某些情况下，外部结构为不承担核心功能的结构，即外部结构的变换不直接影响核心功能。如电话机、自动取款机、邮箱等，不论款式如何变换，其语音传输、存取及收发功能等不会改变。但是，在另一些情况下，外部结构本身就是核心功能的承担者，其结构形式直接与公共服务产品的效用有关，如各种材质的容器、家具等。自行车是一个典型的例子，其结构具有双重意义，既传达形式，又承担功能。总之，外部结构只有在外部条件和内部因素明确的情况下，才有可能进行设计上的操作。

第二，核心结构。核心结构是指由某项技术原理系统形成的具有核心功能的公共服务产品结构。核心结构往往涉及复杂的技术问题，而且分属不同领域和系统，在公共服务产品中以功能件或元器件等形式产生功效。

（1）系统结构，是指公共服务产品与公共服务产品之间的关系结构。前面所指出的外部结构与核心结构分别是一个公共服务产品的两个要素，即将一个公共服务产品看作一个整体。系统结构则是将若干个公共服务产品所构成的关系看作一个整体，将其中具有独立功能的公共服务产品看作要素。系统结构设计就是物与物的"关系"设计。

（2）人与环境的结构。公共服务产品中尺度的选择是否合理直接影响到其形态的比例，进而影响到其实用性和方便性。如垃圾桶的高度是否方便人们丢垃圾，休憩椅的座面高度、宽度及背高是否让人感到舒适，电话亭的高度、电话放置面的高度是否符合大多数人的使用要求，儿童游乐服务设施是否安全，残障人士的无障碍专用设施是否使用方便等，这些都需要设计者对人机工程学知识进行掌握。

此外，人机工程学为公共服务产品形态的设计提供人体尺度参数，包括人体各部分的尺寸、体重、体表面积、比重、重心及人体各部分在活动时的相互关系和可及范围等。由于不同人群的生理条件和姿态特征存在差异，设计者要研究人体活动的空间尺度，就必须采用常规人体尺度，并且在设计中留有余地；对特殊人群，如残障人士，主要考虑坐轮椅者的使用尺度或进行专案设计。

7.15.4 功能要素

第一，使用功能。产品是在人们的需求中产生的，产品的存在是因为它能满足人们对某种功能的需求，即产品具有使用价值，而这种使用价值的实现是依托其功能的存在，即使用功能。公共服务产品的使用功能体现在，它直接向人们提供便捷、防护安全及信息传递等服务。使用功能的重要性还体现在它是公共服务产品分类的标准。

第二，环境意象功能。环境意象功能是指公共服务产品通过其形态、数量、空间布置等方式对环境予以补充和强化。以护柱和路灯为例，它们本身就是必须通过组合共同发挥作用的设施，以行列或组群的形式出现，对车辆和行人的交通空间进行分化，并且对运行方向起引导作用。公共服务产品的环境意象功能是第二位的，往往通过自身的形态构成及特定的场所环境的相互作用强化而来。

第三，装饰功能。装饰功能是指公共服务产品的形态在环境中起到的衬托和美化作用。如材质处理、色彩选用及细部的点缀等均属于装饰。装饰功能包括单纯的艺术处理、与环境特点的呼应及对环境氛围的渲染。护柱和路灯在被批量生产时尽管可以做到材料精致、尺度适中，但是放到某一特定街区，它们还需具有反映这一环境特点或设施系统的个性。一般来说，装饰功能是公共服务产品的第三功能，然而对某些以街道景观或独立观赏为主要目的的公共服务产品而言又是第一位的。

第四，附属功能。附属功能是指在公共服务产品的主要功能之外，还具有的其他使用功能，如在候车亭里设置广告牌、路灯上悬挂指路标志、休憩椅下安装照明灯具等；也是指在公共服务产品主要功能之外，同时将几种功能集于一身的使用功能。例如，在路灯上悬挂指路标志、信号灯等，或者路灯本身就含有指路标志，兼具指示引导功能；甚至在特定的场合，人们可以为阻隔装置、护柱配备照明灯具并做成石凳、石墩，使其具有休憩椅的功能；或者放置几块美化环境的怪石作为护柱，从而使单纯的设施功能增加了复杂的意味，对环境起到净化和突出作用。

7.15.5　材料要素

公共服务产品作为技术与艺术结合的综合系统工程，在内容、功能及形式上与时俱进。今天某些时兴的设施及特性，明天可能面临着解体的危机和融合的契机，而某些销声匿迹的设施可能又被改头换面重新启用。

公共服务产品的进步与新材料的应用密切相关。现代设计常常追求简洁、自然，体现材质美。材质美通过材料本身的表面物性，即色彩、光泽、结构、纹理、质地等表现出来。材料与形态的关系是十分密切的，不同的外表材料由于物理性能及化学性能的不同，会呈现不同的状态，不同质感的材料给人不同的触感、联想感受和审美情趣。任何设计都需借助材料及工艺来完成；否则，设计将只能流于形式而毫无实际含义。不同的材料性质不同，必定导致其结构方式的不尽相同，而不同的结构方式又势必引起形式与造型上的不同。因此，形态、材料、结构之间的关系是相互影响相互制约的。

正确、合理、艺术地选择材料是使用材料的关键。材料的选择应考虑满足设计要求的功能；适应环境的需要，符合工艺加工的技术条件；不同等级的设计可选择不同档次的材料，同等条件下，尽可能选择价格低的材料，降低成本等。当然，对公共服务产品而言，如果都使用超高级材料，那么无论从材料性能还是经济价值的角度，都是难以适应的。如休憩椅无论使用木材还是铝板，都可以拥有相同的性能，其差别只在于承受重量、耐用时间、成本等方面。

7.15.6　色彩要素

通常色彩对人们来说是一种感性的认知，如不同的色彩带给人们不同的感官体验，而在公共服务产品设计的实际应用中，色彩又是一种理性的存在。以下是运用色彩达到理性设计的方法。

（1）同一公共服务产品造型，用不同色彩进行表现，形成产品纵向系列。同一公共服务产品形态，用不同色彩进行各种分割（根据产品结构特点，用色彩强调不同的部分），形成产品纵向系列。这种色彩的处理方法会在视觉上影响人们对形态的感觉，即使是同一造型的公共服务产品，人们也会因其色彩的变化而对形态的感觉有所不同。

（2）用同一色系，统一不同种类、不同型号的公共服务产品，形成产品横向系列，使公共服务产品具有"家族感"，这是树立品牌形象、强化企业形象的常用手段。即便是不同厂家生产的公共服务产品，营销企业也可以用色彩将其统一在本企业的品牌之下。

（3）以色彩区分模块，体现产品的组合性能。

在对项目完成以上几个方面的评估后，设计者应基于设计反思对项目进行优化，图7-24、图7-25是关于鱼鳞再生材料在城市公共服务系统中的设计研究的基于设计反思的项目优化方案。同时，设计者还可以先制作出相应的雷达图，再对项目进行整体的总结。

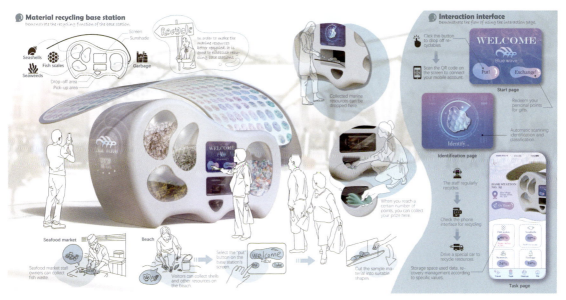

图7-24　基于设计反思的项目优化方案（一）　设计：王思颖

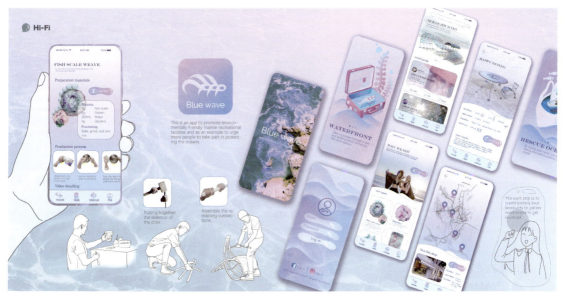

图7-25　基于设计反思的项目优化方案（二）　设计：王思颖

第4部分 打通城市生态系统

　　探索未知的设计领域时,设计者需要建立相应的参照系,如产品所处的环境、用户与产品的交互特点,以及世界上已有的原理和法则。基于这种客观的参照,设计者可以逐渐建立起一个"情境世界"。只有在这个世界,设计者才能作出方向明确且具有前瞻性的设计预测,找到设计的新方向。除了方向感和前瞻性,设计者必须有责任心和使命感,坚持尊重人性和可持续发展的价值观,致力于探索国家、城市、社区不同单元内的生态运行机制,透过基本城市功能反映出来的历史文化与文明印记,从宏观、微观多层面上构建城市与利益相关者对话的精神桥梁。

第 8 章　公共服务产品的未来趋势

8.1　生态材料设计

"生态材料"这一概念是 20 世纪 90 年代初由日本学者山本良一提出的,意指具有使用性和环境协调性的材料。生态材料主要分为两大类:一是原生态材料;二是人造生态材料,人造生态材料包括生态常规材料、生态植物材料、生态塑料材料及其他新型生态材料。

生态材料应具备以下 3 个条件。

第一,可降解。生态材料的可降解特点只存在于自然生态材料、天然高分子材料、微生物合成高分子材料、化学合成高分子材料这四大类。自然生态材料的特点是取之于大自然,成本低,并且使用后可以完全降解,不会对环境造成污染。在进行产品设计时,设计者应尽量选择生长周期短、生长速度快、种植条件简单、适合种植的地域广阔的纯天然材料,如葫芦、竹、蒲、藤、芦苇等;天然高分子材料取材容易、具有优良的生物兼容性,被广泛运用于产品设计,其主要成分有蛋白质、纤维素、果胶等;微生物合成高分子材料则是生物通过各种碳源发酵合成的一类高分子材料,具有能够完全降解的属性。

第二,循环再生。生态材料的循环再生利用性能可以节约资源、减少污染物排放,避免了末端处理的工序,符合生态设计的理念。目前各类废弃物中,可以循环再生的生态材料主要分为金属、纸、塑料、橡胶、建材及电子废物等。

第三,仿生。自然界是人类利用材料、设计材料及发明创造的源泉。目前人们主要从力学功能仿生、力学结构仿生、仿生多孔材料、仿生太阳能电池、仿生传感器等方向进行仿生,模仿天然材料的自然循环性,研究与开发容易降解的材料。

美国麻省理工学院媒体实验室介导物质研究小组的研究人员创造了 Aguahoja,这是一组对树木、昆虫外骨骼、苹果和骨头中的分子进行数字化设计并由机器人制造的工艺品。它以自然生态系统为材料生产的灵感,不产生废物。纤维素、壳聚糖、果胶和碳酸钙在材料的调性上以高空间分辨率组合和复合,形成具有机械、化学和光学功能的可降解复合材料,其长度从毫米到米不等。这些水状皮肤状结构的设计让它们就像在生长,不需要组装,当其生命周期结束,不再有用时,可以被编程为在水中降解,从而让其组成构建块回归自然生态系统。该项目旨在促进设计和施工领域的自然过程,通过使用一些对环境影响较小的材料替代不可降解的传统材料,在工业界进行更加可持续的实践。

8.2 城市 IP 设计战略

具有城市文化特色的历史遗址、建筑地标、民间神话、风俗习惯、特色服装、特色饮食、人物性格等都是城市的文化资源，它们体现了城市文化，也是城市文化的载体，传递着城市理念和城市行为，凝聚着城市精神，并且被大众认同接受，最终形成文化效应。

8.2.1 我国城市公共服务产品设计现状

第一，街道设施缺乏个性。由于千街一面、千楼一面的设计比比皆是，街道设施在造型、色彩上单调、无特性，也不方便识别。因此，当人们漫步于城市的大街小巷，欣赏城市的美景时，越来越觉得没有了地域归属感。这主要是由于现代城市的建筑和环境越来越趋于统一，到处高楼林立，人们不管走到哪儿，都像栖身于笼中。"城市的特色危机"是全球性问题。我国现存的大部分城市公共服务产品缺乏与气候、环境、建筑的协调性；没有采用统一规划、设计、生产和保养的经营模式，风格不统一、不协调，给人一种杂乱无章的感觉，不仅没有成为靓丽的风景线，反而会使城市缺乏整体感，成为都市篇章中的杂音。

第二，缺乏人文关怀。城市公共服务产品具有服务于人们的工作、生活和供人们欣赏的双重功能。人是城市环境的主体，因而城市公共服务产品设计应以人为本。生活在现代城市的人们，其工作、生活、娱乐等活动直接对城市公共服务产品提出了要求。人的活动范围日益扩大，新的生活方式引发了人们对户外活动的迫切需求，但是一些缺乏人性化设计的城市公共服务产品则不能很好地满足人们的这些需求。现有的城市户外家具未能很好地引入人文关怀理念，缺乏对人在户外的生存状况的关注，缺乏对人的尊严、价值的维护，缺乏对符合人性的户外生活条件的高度重视，未能创造一种人与人、人与技术、人与自然环境及人的身心之间的和谐关系；总之，未能营造自由、轻松、安全、舒适、平等、和谐的户外生活环境。

第三，缺乏历史文脉的延续。现有城市公共服务产品的设计，往往不顾城市的历史文脉，到处照搬照抄，不是盲目地追求复古，就是赶时髦。我国某些城市曾经按"欧陆风格"规划，致使城市街道景观与城市环境极不协调，破坏了城市的整体景观效果。一些国外知名设计师的设计作品被盲目地引进，出现在中国城市的大街小巷。其中的一些漠视中国历史文化，无视历史文脉的延续，放弃对中国历史文化的探索是对城市公共服务产品设计的误解。以菲利普·斯塔克（Phillippe Starck）设计的一款路灯为例，其设计灵感来自欧洲中世纪骑士手中的长矛造型，材料采用钢质，被业内人士认为是新颖独特的创意。但是，假如它被置于北京这样一座古香古色的城市，难免有不协调之嫌。城市公共服务产品与城市建筑、景观、艺术、音乐一样，伴随着人类文明而产生，并且因城市的发展而不断地变化着。它是城市生活中不可缺少的一部分，方便了人们的生活，为增强城市功能起到了重要作用。城市公共服务产品作为一套技术和艺术的综合系统工程，在反映新科技、文化及人类思维的同时，又与越来越多的学科相互交融。为适应城市生活的日益多样化，城市公共服务产品的形式和功能也应进行相应的变革。我国城市正处于城市化进程的重要阶段，相关人员在正确认识城市公共服务产品的同时，有必要认真地把公共服务产品与城市建设一起列入城市规划，以其较高的物质和精神价值培养人们的公共意识，为确立城市整体形象发挥重要作用。

8.2.2 如何打造城市 IP

第一，顺应自然地域特征。自然地域特征是一个城市的形态的基本特点，是形成城市环境特色美的基础，也是城市公共服务产品设计需要尊重的前提。自然地域特征是塑造一个城市环境景观的依据，同时也是一个城市区别于其他城市的基本要素。在描述一个城市是"丘陵城市""海滨城市"还是"平原城市"时，人们往往会把城市的自然地域特征作为一个基本特征来表述。因此，设计者在进行城市公共服务产品设计的过程中，适当地强调一个城市的自然地域特征是塑造具有魅力的城市的基本方法。

第二，利用好自然资源。不同的地形地貌和气候条件使不同的地区具有不同的自然资源。自然资源是指自然界中一切能被人类利用的自然要素，包括矿物资源、土地资源、森林资源、水资源、海洋资源等。具有地域特色的自然资源的巧妙运用，能为城市公共服务产品设计带来意想不到的效果。例如，我国西南地区竹资源丰富，种类丰富的竹制生产工具、厨房用具、家具、手工艺品等汇聚成朴实的竹文化。这种形式是值得现代人学习和借鉴的。因此，将各地不同自然资源的特点运用到城市公共服务产品设计中，不失为一种个性化的地域特征设计方法。

第三，延续人文历史精神。人类在不断建设并适应自身生活环境的同时，构成了与传统文化不同的社会文化形态。其中，每个城市在历史发展过程中，其历史、民俗等都是通过独特的城市景观而变成人们头脑中的记忆的，成为可看、可回味的符号；这种符号是与隐藏在全体居民中的可驾驭具体行为并产生地域文化认同感的社会价值观吻合的，是居民在城市历史发展过程中创造的物质财富和精神财富的综合，也是城市物质文明与精神文明的物化。但是，随着现代科技的发展，一部分具有较高历史文化价值、延续和融合了人类文化情感和创造智慧的景观在城市的更新交替中却面临着巨大的威胁。在知识信息时代，城市公共服务产品的地域性设计既要尊重优秀传统、延续历史文脉，又要放眼于新时代背景下产品设计未来发展的新特点，分阶段进行，使居民产生对地域文化的认同感和对社会的责任感，实现城市公共服务产品历史文脉的延续与可持续发展观念的整合。例如，日本的城市井盖设计十分丰富，不同的井盖设计也呈现了多种具有不同色彩的日本卡通或传统浮世绘图案。其一方面展现了城市的细节，另一方面也传播了当地文化，且吸引了大批的游客前来拍照留念，上传到互联网，在互联网上实现二次传播，以此积极地宣传并推广城市形象。

8.3 社会共创策略

1968年，美国经济学家维克多·富克斯（Victor Fuchs）在《服务经济学》中提出"顾客也是服务价值的创造者"，这说明在价值共创的系统中，消费者既是消费者，也是价值的创造者，生产者和消费者相互协同，共同创造价值。2006年，理查德·诺曼（Richard Norman）在《服务管理：服务企业的战略与领导》一书中，第一次对"共创"下定义："在共创中，顾客完成了部分本应由服务公司提供的工作。""共创"的一个重要实践及研究领域是公共管理及公共政策领域。长期以来，公共空间及公共服务都被视为专业度极高的领域，在战略定位、设计规划、政策及预算方面，均由顶层政策制定者与相关专家论证并确定，终端用户的意见比重较低。公共服务往往是由政府提供给普通居民的基础性服务，如治安、交通、教育、环保等。这些服务都具有非竞争性、非排他性的特征，但同时具有垄断的单一性特征。为居民提供优质的公共服务，是提高治理水平与社会满意度的重要举措；因此，无论是政治学者、公共管理学者，还是政府部门，都在急切寻找更加合适的方式。

少数学者提出，如果终端用户不能参与公共服务的设计与规划，那么由于公共服务规划的长期性、对社会影响的广泛性、协作部门的复杂性，一旦获得财政拨款并实施，其修改调整的难度极大。因此，政府应鼓励终端用户参与公共服务的定位、论证、调研，甚至募资、预算等环节。

智利有一个为应对贫困而设计的住宅项目——金塔蒙罗伊，当初由于委托方资金紧张，ELEMENTAL设计公司为在城市中心居住的贫困原住民设计了一种只需要完成50%的框架结构的房屋，这其实并不是真正意义上的"半成品"，而是一个兼顾各方利益的聪明设计。它一方面实现了资金上的节约，另一方面又为居民后续的个性化设计留下了发挥的余地，居民可以根据需要自由分割房屋结构，在某种意义上，这是一个实现多赢的项目；在设计层面对利益相关者开放，并且发挥着设计执行的作用。利益相关者与设计项目的直接对接，增强了互动性，有利于塑造主人翁意识，更好地对房屋进行维护和运营，促使居民更多地参与设计并不断优化机制。而这个设计最有价值的地方在于能够帮助政府解决社会问题，保留困难群体在拥有良好社会资源的城市中心地段的居住权，体现了社会的公平性。同时，良好社会资源又增加了该房屋的升值空间，某种程度上缩小了贫富差距。这个设计很好地协调了社会阶层、大众生活、公共服务体系与服务设计创新的关系，它超越了设计的技术层面，站在社会的战略高度来审视社会公平与公正问题。同时，它并不局限于建筑本身的设计创新，而将创新思维运用于解决社会复杂问题，抓住问题本质，为社会带来协调和秩序的力量，这也是参与式设计介入社会生活所值得深入研究与实践的。

8.4 城市设计伦理

8.4.1 设计伦理理念

维多克·帕帕奈克于《为真实的世界设计》一书中明确地界定了"设计伦理"。其一是人性化的设计理念,为特殊领域的人(残障人士、孤寡老人等困难群体)设计,因为面向这些人的设计更能显示出应有的人性化思考。其二是平等的设计理念,设计者的目标并非满足一时的欲望,而是挖掘人们真正的、深层次的需要,面向更多的人;设计应该为广大人民服务,而不为少数富裕国家服务。其三是生态化的设计理念,消费主义将对未来的资源乃至人们的精神家园产生重大的影响,所以设计应该考虑可持续、生态环境保护、资源节约等问题。

城市是人的城市,人是城市生活的主体。将以人为本的原则运用于城市设计,便是人本设计或人性化设计;将以人为本的设计,通过公共干预和良好的管理手段加以落实,便是人本的设计治理,其目标是将以人民为中心的理念落实于城市设计的各个环节。城市设计表面上看是以城市空间环境的优化为基本目标,然而实际上绝不是简单地"做方案"或"画图",它涉及居民的切身利益,是影响人的生存状态和生活方式的行为。城市设计的目标不仅仅是单纯意义上的城市空间环境的塑造和完善,更重要的是围绕"如何为人服务"的城市系统营造与政策落实。

8.4.2 城市化进程与城市设计伦理

城市化进程影响着公共服务产品在设计伦理层面的建设。公共服务产品在世界各国的发展是不平衡的。一些经济发达的国家,因为工业化程度较高,经济力量比较强大,在公共服务产品建设中的投入比较大,公共服务产品的建设也比较完善;但在一些发展中国家,公共服务产品的发展还比较落后。我国的公共服务产品发展经历了漫长的过程,近代由于工业化起步比较晚,经济比较落后,公共服务产品的建设落后于西方的发达国家。

在日本广岛,地铁站和新干线车站中的盲道,可谓四通八达、精细有致,一条条漂亮的盲道不仅可以为盲人引路,也可以为居民清晰地指引一条正确的道路。在日本,盲人得到了很好的关照,还有更为周到的考虑,那就是十字路口的鸟鸣声。在京都,行人经过十字路口时都会有悦耳的鸟鸣声响起。对视力正常的人来说,没有人会专心听这种鸟鸣声,但对盲人而言,这种鸟鸣声就显得至关重要了;截然不同的两种鸟鸣声代表着行与止的信号,这样,即使他们看不到信号灯的变换,也可以凭着鸟鸣声安全通行。而且,鸟鸣声自然清悦,与环境相和相谐,为现代都市平添几分野趣。

8.4.3 设计教育与城市设计伦理

在利益至上的商业社会中,刺激消费是最大的目的。人们在日常生活中的消费行为多多少少总会受到这种异化欲望的影响,而产业界利益至上的原则导致技术的异化力量日益强大,由此引发了一系列的社会问题,无形中造成了对资源的巨大浪费。这种极度消耗资源的状况,已经严重影响到了人类未来的发展。

不可否认的是,在当下的设计实践领域中,大多数人仍然从自身利益出发,坚持通过设计去刺激消费文化的进一步发展,这种价值观为设计教育带来了两个方面的影响:一方面是过于注重技术,对材料和技术的革新始终保持着极高的热情;另一方面传达给设计者的,除了设计方法,更多的是设计和商业之间的紧密联系,而忽视了设计的社会责任和道德意识。由此可见,设计伦理在当下的设计教育中尚未被广泛认知和重视。从可持续发展的目标出发,设计教育应该着力于培养设计者的社会责任感,在实践领域完成对设计功能的转变。

设计作为人类改造世界的重要手段，既可能让人类走上自我毁灭的道路，也可能成为引导人类到达美丽新世界的途径，因此设计者担负起他们应该担负的社会职责，是避免悲剧发生的关键。设计是指引导需求，而不是指制造需求，它的目的也是使人们感到更加便利，而不是满足欲望。地球的资源是有限的，人们不能为了需求无休止地向地球索取，作为设计者有责任使资源的利用更加合理，用一种全新的方式促进资源的合理利用与可持续发展。然而放眼现在的社会，功利的、重复的设计比比皆是，一些设计者似乎走上了歧途，追求短期效应，设计网红产品成了主要追求。因此，业内亟须通过设计教育来影响设计者和公众，逐渐使情况发生好转，而这也正是设计教育真正力量的体现。

通过对设计伦理、设计消费问题的反思，设计教育应该作出相应的改变，不能只教授设计者具体的技能。对学习设计的学生来说，随时跟进最新版本的软件，并不比及时了解社会、国家、所在地域的真实需求更加重要。学生不仅需要优秀的设计技巧，而且需要思辨能力，设计教育应该是一种设计技巧与设计思维系统结合的过程。

8.5 社会组织管理

8.5.1 公众自下而上创新

2005年，广西柳州的一些居民发现，他们无法在城市普通市场上获得好而安全的食品。于是，他们去了距离城市两小时车程的村庄，发现偏僻的乡间依然保持着传统的农业模式。出于对农民的帮助，同时为了开发有机食品的稳定渠道，他们成立了一个叫作"爱农会"的农民协会。如今，爱农会经营了4家有机餐厅和一个社区有机食品店，通过向居民出售传统食材，爱农会把可持续的生活方式引入了城市。由于爱农会及其与城市居民和农户建立的直接联系，农户能够靠收入维持传统的耕作方式，过上更好的、受人尊敬的生活。从上面案例我们可以看到，案例背后都有一群能够想象、开发和管理新鲜事物的人，他们能够摆脱常规的思维和处事方式，摒弃解决问题的主流方案。要做到这一点，他们必须重新发现合作的力量；创造性地重组现有的产品、服务、地点、知识、技能和传统；依靠自有资源，而不坐等变化。我们把这些人称为创意团体，即为了新的可持续的生活方式而在创建、改善及管理可行的解决方案的过程中进行合作的人。

自下而上的社会创新是特色鲜明的设计主导的过程，设计者是百态纷呈的社会人，他们有意或无意地同时应用那些无论从哪个方面来看都算是设计活动的技能和思维方式。

8.5.2 政府自上而下领导创新

中国非营利组织和支持非营利组织的社会创新的迅速发展，反映了政府独特而明确的积极角色。近年来，地方政府在新型的以城市居民创意为导向的社会产品、工作流程和服务的创新中发挥了主导作用，政府部门也热烈回应了这种地方创新活动。一个"政府领导的社会创新"模式在中国浮现，该模式不仅包容性强，而且致力于培育公民社会的首创精神。政府领导的社会创新需要依赖政府的领导力，由政府来进行资助、设计和监督。但问题在于，政府积极推进社会创新的动力在哪里；同时，政府如何及在何种程度能成功平衡其自身的目标和利益与参与社会创新的公民的目标和利益。

8.5.3 自上而下与自下而上结合

我们一直都把社会创新描述为自上而下或自下而上的举措，即要么是"自上的"能够促成重大社会转型的行动，要么是"自下的"能够产生诸多局部变化的行动。然而，无论是在其启动阶段，还是在其长期存在的过程中，社会创新往往都依赖于多元化举措之间的更复杂的相互作用。由公民直接推行的举措（自下而上）往往得到政府、民间组织或企业提供的不同类型的干预。我们将这种相互作用称为"混合过程"。

政府领导的社会创新能否有效培养公民积极性和社会企业家精神？以上海市公益创投项目为例的研究，给出了"混合"的答案。作为一个政府发起和资助的项目，上海市的公益创投明显不同于源于西方的以整合市场和运行社会资本为特征的公益创投概念。不可回避的双重管理体制和公共财政制度、政府机构内部协调问题，以及缺乏相关管理经验和能力等问题，限制了项目实施中公民参与的灵活性和创造性。尽管如此，在短期内，上海市的公益创投很可能是中国调动社会创新最有效的方式之一。这个项目源于满足公民社会需求的考量，体现了政府对非营利组织逐渐加大的扶持力度。在设计社会创新的制度和渠道的同时，政府为新的社会组织提供资源和空间，展现了它在面对社会需求时进行妥协和塑造的能力。

8.5.4 设计者的作用

埃佐·曼奇尼提出，未来的设计，是人人均可参与的设计。在开放式创新席卷全球之际，这个预判是有一定道理的。那么，如果人人都是设计者，接受过多年专业的设计教育的职业设计师的角色是什么呢？在埃佐·曼奇尼看来，专家和大众都可以在构建意义和解决问题方面发挥作用。设计者可以是系统规划者、资源统筹者、参与式设计的协调者、技术上的支持者、工具的开发者，而这些角色，既需要经过坚实的服务设计、空间设计、视觉设计的专业训练，又需要有远超设计专业训练的其他能力。这是对未来设计者提出的更高期待与要求，也是对设计教育提出的更大的挑战。

参考文献 / REFERENCES

阿什·莫瑞亚.精益创业实战[M].2版.张玳,译.北京：人民邮电出版社,2013：122-134.

安东尼·邓恩,菲奥娜·雷比.思辨一切：设计、虚构与社会梦想[M].张黎,译.南京：江苏凤凰美术出版社,2017：193-197.

安东尼·吉登斯.社会的构成：结构化理论纲要[M].李康,李猛,译.北京：中国人民大学出版社,2016：18-35.

宝莱恩,乐维亚,里森.服务设计与创新实践[M].王国胜,张盈盈,付美平,等译.北京：清华大学出版社,2015：57-78.

贝拉·马丁,布鲁斯·汉宁顿.通用设计方法[M].初晓华,译.北京：中央编译出版社,2013：54+128+138.

曹世杰,席畅.可持续城市智能化设计的思考[J].中外建筑,2021（08）：30-33.

陈施桦.城市电动汽车租赁的产品服务系统设计研究[D].杭州：浙江工业大学,2017.

陈小阳,李福荣,付勇,等.重大项目体系贡献率评估总体设计与流程方法研究[J].军事运筹与评估,2023,38（03）：24-28.

陈源鑫,宋武,粘旭超.低碳设计理念下产品风格意象对用户体验的影响[J].丝网印刷,2023（24）：77-79.

池英瑞.HEART用户体验模型在农村脑卒中康复产品中的交互设计研究[D].郑州：郑州轻工业大学,2022.

代尔夫特理工大学工业设计工程学院.设计方法与策略：代尔夫特设计指南[M].2版.倪裕伟,译.武汉：华中科技大学出版社,2023：47.

代尔夫特理工大学工业设计工程学院.设计方法与策略：代尔夫特设计指南[M].倪裕伟,译.武汉：华中科技大学出版社,2014：45+78-84+103-112.

蒂姆·布朗.IDEO,设计改变一切[M].侯婷,何瑞青,译.杭州：浙江教育出版社,2019：72-73.

丁熊,杜俊霖.服务设计的基本原则：从以用户为中心到以利益相关者为中心[J].装饰,2020（03）：62-65.

丁熊.城市公共服务体系创新设计研究[J].包装工程,2015,36（02）：13-17+29.

丁熊.可持续设计理念在公共服务系统设计中的应用研究：以"集装箱与城市生活"项目为例[J].家具,2016,37（02）：65-70.

都秉甲,丁飞,刘春君,等.基于HarmonyOS与NB-IoT的城市共享停车系统设计与性能评估[J/OL].无线电工程：1-7.[2024-02-12].https：//kns.cnki.net/kcms/detail/13.1097.TN.20240202.1539.004.html.

费孝通.文化与文化自觉[M].北京：群言出版社,2016：162.

冯冠洲.基于生态环境下可再生材料的应用设计研究[D].武汉：湖北工业大学,2017.

弗雷德里克·巴特,等.人类学的四大传统[M].高丙中,等译.北京：商务印书馆,2008：27.

傅蓉.无印良品设计中的休闲思想[D].杭州：浙江大学,2016.

高颖.从公共服务视角谈服务设计的价值[J].新美术,2015(04):84-90.

高振丽.基于公共健康视角的社区公园景观评价及规划设计研究[D].郑州:河南农业大学,2023.

耿涵.从民族志到设计人类学:设计学与人类学的偕同向度[J].南京艺术学院学报(美术与设计版),2017(02):17-22+193.

龚文杰.城市社区型生活性街道空间共享设计研究:以哈尔滨主城区为例[D].哈尔滨:哈尔滨工业大学,2021.

郭文彬.巧设情景,积极引导,促进合作教学活动的开展[J].当代教育论坛(教学版),2010(01):85-86.

韩玥.创新共享.推动行业高质量发展第三届718上海幕墙共享设计节举办[J].中国建材,2023(08):119.

胡康,蔡文浩.参与式设计方法的分类研究及其可视化[J].包装工程,2023,44(10):181-192.

黄蔚.服务设计:用极致体验赢得用户追随[M].北京:机械工业出版社,2020:67-72.

纪毅,马明,檀鹏,等.面向非遗文创展体验设计与实践研究[J].包装工程,2022,43(14):354-361.

姜彦欣.基于可持续理念的城市垃圾处理服务系统设计研究[J].设计,2023,36(21):58-61.

姜跃,韩水华.可持续产品设计研究综述与实现途径分析[J].生态经济,2018,34(09):224-230.

蒋婵婵.深入剖析语篇体裁,引导积极审美取向:Don't judge a book by its cover教学设计与思考[J].教育视界,2020(18):53-55.

杰弗里·布斯罗伊德,彼得·杜赫斯特,温斯顿·奈特.面向制造及装配的产品设计[M].林宋,译.北京:机械工业出版社,2015:154-161.

杰斯,詹姆斯,加瑞特.用户体验要素:以用户为中心的产品设计(原书第2版)[M].北京:机械工业出版社,2011:133.

敬乂嘉,公婷.政府领导的社会创新:以上海市政府发起的公益创投为例[J].公共管理与政策评论,2015(02):11-19.

劳伦斯·纽曼.社会研究方法:定性和定量的取向(第7版)[M].郝大海,等译.北京:中国人民大学出版社,2021:126-129+137.

李波涛,王琪,卢刚亮,等.基于行为设计学理论的产品设计应用研究[J].包装工程,2023,44(10):54-59.

李嘉珂.浅谈设计师的社会责任[J].大众文艺,2017(18):94.

李苹莉.经营者业绩评价:利益相关者模式[M].杭州:浙江人民出版社,2001:57.

李晓英,黄楚,周大涛,等.基于用户体验地图的产品创新设计方法研究与应用[J].包装工程,2019,40(10):150-155.

李叶,牛泽玉.洞察用户需求,铸就大师级质感生活[J].设计,2019(22):84-87.

理查德·诺曼.服务管理:服务企业的战略与领导[M].北京:中国人民大学出版社.2006:47-52.

梁爽.幼儿园区域活动空间家具设计与配置研究[D].北京：北京林业大学，2020.

刘嘉晖.公交专用车道动态共享设计优化方法[D].长沙：中南大学，2022.

刘岚岚.积极心理学视角下的大学校园空间优化设计策略研究[D].厦门：厦门大学，2019.

刘露.泰州水文化元素在城市形象构建中的视觉设计研究[J].大众文艺，2024（01）：54-56.

刘燕.基于用户体验的社区文化旅游优化设计研究：以佛山塔坡社区为例[J].美与时代（上），2023（12）：33-37.

柳冠中.设计的目的：提升生命品质[J].设计，2015（01）：30.

栾尊佑.酒店建筑的规划设计与功能布局分析[J].住宅与房地产，2018（06）：67.

罗京艳，周秦羽.特色城市服务设施可持续设计研究[J].包装工程，2018，39（18）：5-9.

罗世怀.情境驱动的医院配送系统服务设计与体验优化[D].贵阳：贵州大学，2022.

马广辉.游戏化电商活动中用户类型与峰终效应对参与意愿影响的研究[D].沈阳：东北大学，2020.

马可翔.服务与体验经济时代下公共艺术设计的新思路[J].北极光，2019（05）：125-126.

马克·斯蒂克多恩，马库斯·霍梅斯，亚当·劳伦斯，等.这才是服务设计[M].吴海星，译.北京：人民邮电出版社，2021：33-64.

马澜，陈佳琪.城市进程视角下的公共设施设计[J].艺术品鉴，2023（32）：85-88.

迈克尔·勒威克，帕特里克·林克，拉里·利弗.设计思维手册：斯坦福创新方法论[M].高馨颖，译.北京：机械工业出版社，2020：343.

梅文凤，任玉洁.基于服务设计的澳门公共医疗机构导视系统优化设计：以仁伯爵综合医院为例[J].设计，2023，36（19）：61-66.

倪佳琪，丁炜.基于共享营造理念的代际学习中心老幼活动空间设计[J].建筑与文化，2022（12）：29-31.

潘小岑.基于利益相关者的老工业社区更新需求评价及规划应对：以南京新联机械厂地段为例[D].昆明：昆明理工大学，2023.

奇普·希思，丹·希思.行为设计学：打造峰值体验[M].靳婷婷，译.北京：中信出版社，2018：105-121.

萨蒂扬·坎塔姆内尼.用户体验设计：加速业务增长行动手册[M].王小刚，译.北京：电子工业出版社，2023：123-154.

史耀军，常莹，王新宇.基于用户体验的老年人助行器设计研究[J].设计，2021，34（15）：32-34.

覃麒睿.福田中心区建筑公共开放空间可持续设计导控经验与启示[J].城市建筑空间，2023，30（A1）：149-150.

唐纳德·亚瑟·诺曼.情感化设计[M].付秋芳，程进三，译.北京：电子工业出版社，2005：27-38.

唐纳德·亚瑟·诺曼.以人为中心的设计是有害的[J].ACM通信，2005（07）：14-19.

唐啸，何人可.基于参与式设计的社会创新研究[J].艺术与设计（理论），2017（06）：29-30.

滕晓铂.设计生态观三题：设计伦理、公民精神与可持续发展[J].工业工程设计，2021，03（05）：23-26+32.

田中亘，朱君慧，林旭浩，等.可持续设计：城市级别的挑战[J].世界建筑导报，2023，38（02）：13-14.

汪勤.基于商业画布的古田国家农业公园商业模式构建研究[D].福州：福建农林大学，2017.

汪志谦，朱海蓓．峰值体验：影响用户决策的关键时刻[M]．北京：中信出版社，2021：31-37．

王海亚．基于体验层次的文创产品叙事设计研究[J]．包装工程，2020，41（16）：330-335．

王玲．定性研究方法之焦点小组简析[J]．戏剧之家，2016（13）：258-259．

王兴伟．设计有效活动 引导积极体验：《小数的大小比较》教学片段及反思[J]．当代教研论丛，2019（04）：51．

王艳，杨文妍．关于中国设计境界说的美学思考[J]．包装工程，2018，39（16）：233-235．

王泽坤，郭宗平．城市规划与服务设计的融合：城市居民生活品质提升的方法和策略研究[J]．城市建筑，2024，21（01）：80-83．

维克多·J．帕帕奈克．为真实的世界设计[M]．周博，译．北京：北京日报出版社，2020：223-226+234．

吴峰．面向产品创新设计的数字样机+TRIZ应用研究[D]．泉州：华侨大学，2020．

吴家煜．社会化交互研究中的反思性设计思维[D]．北京：清华大学，2012．

谢春稳，苟鑫，栗秀中，等．基于精益创业的环境监测无人机概念设计[J]．机电产品开发与创新，2021，34（04）：60-62．

谢卉．服务设计视角下文化场馆数字化建设的虚拟展示设计初探[J]．艺术评论，2018（02）：171-174．

徐延章．场景理论视域下公共文化数字化服务的创新维度[J]．图书馆学研究，2023（11）：25-32．

徐勇，汪倩，武雅利，等．用户画像研究的文献计量分析[J]．榆林学院学报，2020，30（02）：4-9．

徐之殿奎，鲍懿喜．社会创新视角下设计发展趋向研究[J]．包装工程，2023，44（20）：77-87．

许晋豪，谭永胜，刘邦．应用AEIOU观察法于墙绘机器人设计[J]．设计，2023，36（14）：80-81．

姚懿恩．扎染艺术展示空间应用研究——以扎染艺术体验馆为例[D]．广州：仲恺农业工程学院，2022．

叶朗．中国美学史大纲[M]．上海：上海人民出版社，2020：205-209．

羿非易．传统手工艺类垂直电商app用户社交体验设计研究[D]．无锡：江南大学，2019．

余琴琴．生态材料在现代家居产品设计中的应用研究[D]．成都：西华大学，2020．

曾乙文．设计史诗—利用思辨设计指向多元史料的反向推测设计研究[D]．杭州：中国美术学院，2022．

张诚，马丁·泰勒，马修·弗雷德里克．关于产品设计的101个常识[M]．潘沛，译．北京：中信出版社，2023：19-21+43．

张洪管．A智能科技公司创业战略研究[D]．济南：山东大学，2021．

张莉，田倩倩．基于用户体验的腹肌轮创新设计[J]．设计，2021，34（15）：116-118．

张文存．浅谈问卷设计技术[J]．产业创新研究，2020（10）：179-180．

赵尔军．利益相关者视角的国有企业业绩评价研究[D]．青岛：中国海洋大学，2014．

赵玲，刘梓润．传统圩市服务系统的概念设计：以南宁石埠圩市为例[J]．鞋类工艺与设计，2023，3（24）：127-129．

赵娜．参与式设计方法的构建[J]．设计，2013（07）：183-185．

钟芳，埃佐·曼奇尼．社会系统观下的社会创新设计[J]．装饰，2021（12）：40-46．

钟蕾，罗京艳. 城市公共环境设施设计 [M]. 北京：中国建筑工业出版社，2011：97-102.

钟旭，董石羽. 服务设计视角下地摊经济系统设计研究 [J]. 设计，2024，37（01）：36-39.

周大涛. 社会视角下公共设施的可持续设计研究 [J]. 设计艺术研究，2023，13（02）：26-29+41.

周可润，李烽，吴尧. 服务设计理念下虚拟现实技术在响堂山文物保护中的运用 [J]. 丝网印刷，2023（22）：102-104.

周雪，侯文军，孙炜，等. 以用户为中心的问卷设计：深度访谈和可用性测试方法在问卷质量控制中的应用 [J]. 北京邮电大学学报（社会科学版），2014（02）：83-89.

卓伟德，王泽坚，张若冰. 转型时期我国城市设计供给对策思考 [J]. 城市建筑，2018（03）：44-48.

B. 约瑟夫·派恩，詹姆斯·H. 吉尔摩. 体验经济 [M]. 毕崇毅，译. 北京：机械工业出版社，2012：77-81.

John Whalen. 全脑设计：基于脑科学原理的产品设计 [M]. 吴桐，译. 北京：机械工业出版社，2020：74-78.

Mary Jo Bitner, Amy L. Ostrom, Felicia N. Morgan. Service Blueprinting: a Practical Technique for Service Innovation[J].California Management Review, 2008, 50（03）: 66-94.

Peter Rousseeuw. Silhouettes: A Graphical Aid to the Interpretation and Validation of Cluster Analysis[J]. Journal of Computational and Applied Mathematics, 1987, 20（01）: 53-65.

结语 / CONCLUSION

城市公共服务产品与服务系统设计常被看作城市的标签，用于展示城市特色。对城市的规划者与管理者而言，通过城市公共服务产品让居民与游客获得良好的体验是改善城市面貌的重要措施。本书通过可持续设计、人种学、情感叙事等研究方法，将重塑城市的文化与特征作为城市进行公共服务产品设计的目标；通过实体产品与虚拟产品多角度、逐层递进式地优化城市公共服务产品，提供改变城市形象识别系统的设计思维与方法，帮助提升城市的公共服务能力，让城市更具吸引力和竞争力；通过对城市公共服务产品的设计思考，从城市建设回归人为事物的设计本质。

本书的系列研究不仅提供了提高城市公共服务产品利用效率的设计创新思路，而且通过一系列的案例分析证实了城市公共服务产品可以为城市居民与游客提供更好的城市印象，进而通过产品与服务设计参与目标城市特色形象与文化体系的重塑；将城市公共服务产品与其他产品类型的设计比较，从而得出公共服务产品在产品功能预设、城市文化传承、用户行为需求等方面具有更强的社会属性的结论，因此，城市公共服务产品设计价值链应该向生产端和使用端双向延伸，形成更具深度和内涵的广义系统设计观。其中，建立具有独特魅力的城市形象、公共服务系统，促进城市特有的地域文化与公共服务产品有机结合是本书的关键。设计研发既要考虑最小影响的资源运用、产品生命最优、零件寿命的延长、易于维修、方便回收等方面，又要考虑如何根据挖掘、重塑和推广城市的文化特色，通过城市历史、传统工艺、流传神话、人文事件、特色产业、风土人情、非物质文化遗产等方面，打造城市特征，创造旅游新热点，发展地域经济，改善居民生活质量。

现代城市建设管理日益趋向服务型城市管理方式，城市公共服务产品设计的实质是一种为大众的产品设计，提倡城市管理者与设计者联合引导下的人人设计协同创新观，促进以城市生活需求为基础的城市公共服务产品分类与管理活化，建设开放且多层次的城市公共服务产品设计体系，打造城市与产品双品牌共建导向下的共享共通系统环境。本书的创新价值是将服务设计、可持续城市发展理念、地域文化元素重构这3个方面有机结合，通过叙事设计应用于完善目标城市公共服务产品的实践，借此为城市凸显自身价值、健康发展和居民高质量生活提供更有效的解决思路。本书中的设计实践案例创新点可以总结为以下4个方面。

第一，服务设计理念推动城市转型。设计者将服务设计的理念融入城市公共服务产品，将城市当作一个统一的系统进行研究，系统地调控每一个区域的公共服务产品，利用智能化手段将实体的城市公共服务产品与虚拟的服务体系融为一体，全方位、多维度地开展便民服务，并且第一时间获取用户的服务反馈，进而不断优化服务体系；同时，让城市公共服务产品与地域文化元素进行全新的碰撞与融合，作为宣传推广城市的重要媒介；此外，打破传统公共服务产品中的局限，以更加多样化的服务、更环保的材料、更有效的可持续方式、更具特色的色彩和造型获得居民的认同。

第二，地域文化叙事设计。叙事设计的理论和方法应用于城市公共服务产品设计，可以帮助城市居民和游客了解更多的城市故事。设计者要在审美上下功夫，结合用户的审美情趣、文化修养、道德标准等特点，在尊重、继承和延续地域历史文化的基础上，体现源于自然、归于自然的设计理念；通过叙事设计展示更加个性化、艺术化的系列城市公共服务产品，让它们成为一座城市的标志，代表一种文化的传承、一种情感的传递。

第三，城市资源与环境的可持续。拥有可持续生命周期的城市公共服务产品包括可以为人类生产和生活提供生态服务的城市自然与人工设施、保证城市使用功能和人文功能正常运行的公共服务系统，它们是城市赖以生存和发展的基本物质条件，具有重要的生态价值，是城市及其居民持续获得系统的公共服务的保障。由此可见，绿色环保与可持续城市公共服务产品在保证城市公共服务满意度提高的同时，可以实现城市资源闭环的流动模式，具有可持续设计理念的城市公共服务产品将成为未来新型城市发展的重要趋势，引领城市的功能完善和文化拓展。

第四，人文关怀融入情感化设计。无论时代如何发展，对于城市公共服务产品而言，以人为本都是不变的真理，在充分考虑包容性和人文关怀的基础上，如何才能促进城市与居民的情感交流，公共服务产品是一个重要的媒介，于是，其美观度和品质是设计中的重点内容。设计者在设计时融入情感化设计的指导，结合人们的实际需求，让城市公共服务产品便于人们识别和使用，体现出对特殊群体的关怀；从心理上，通过虚拟服务和实体服务体现设计对用户的人文关怀。

本书力求将设计实践与理论策略融合、研究原型与设计创新结合，在产品设计、服务设计、情感化设计、城市空间设计、用户体验设计等领域进行多学科和跨学科探索。根据上述观点，城市公共服务产品设计是不断完善的城市形象系统；这项系统工程需要形成体系，也需要制定明确的目标，由此产生了4个层次，而且每个层次都有一个渐进的关系。其一，这项系统工程将服务设计的概念引入研究，以增强系统性；其二，将可持续设计与参与式设计结合，让城市居民发挥更大的作用；其三，强调城市公共服务产品中文化叙事、情感设计的融合；其四，重塑城市形象，为城市创造一个可持续的、人文和谐和具有独特魅力的未来。

通过公共服务产品建立系统的、科学的公共服务产品设计流程来适应城市发展需要，对公共服务产品设计如何更好地与环境共融进行分析，进而真正解决实际问题是必然趋势。科技时代的多元文化冲击要求公共服务产品彰显理念创新和奇思妙想的情趣化与识别性。观念是创新的基础，设计观念要与时俱进，新观念下的公共服务产品设计应趋向更为轻松、更富个性的诠释方式，更具强烈的主观性、视觉冲击力及良好的功能性，针对不同人群展开，为更多个体所共享。"城市文化IP"这一概念，是指建立在文化IP与城市形象的基础上，用公共服务产品打造城市文化；这不是简单地传承，而是城市文化的再生。"再设计"的理念强调设计者要重新面对自己身边的日常生活和事物，从熟知的日常生活中寻求设计的真谛，赋予日常生活用品、材料新的生命。设计必须经历"再设计"的过程，"再设计"能使设计者重新寻找和燃起创作的热情，使看似平常的设计再现生命的活力，这何尝不是一种创新。用当代人的设计观念和科学技术来诠释古代公共服务产品，并且对其进行"再设计"，这一课题无疑对公共服务产品设计具有极大的市场价值和现实意义。

由于编写时间有限，本书仅体现阶段性成果，还存在大量不足，需要在日后不断完善。笔者期望书中的设计实践能在日后应用于城市建设；同时，希望本书能够作为城市公共服务产品设计的教学参考书目，为城市管理者和设计者提供指导。在中国城市建设与发展战略中，设计创新将紧随国家发展规划与政策，从产品规模与生产模式、用户生活方式与行为习惯、社会时代特征与人文背景，以及科学技术的创新与应用等角度不断更新迭代城市公共服务产品的功能与种类。最后，笔者希望通过以上研究与整理，为城市公共服务产品设计的相关研究提供深入研讨的机遇，也为中国城市形成特色发展提供设计思路与研究路径。

内 容 简 介

公共服务产品设计创新与实践以城市更新为目标，通过系统性与可持续设计为城市基础设施发展提供创新动能。城市公共服务产品在发挥使用功能的同时，打造出的文化形象构筑了人们对城市的认识和印象。书中通过对实体服务类与虚拟服务类城市公共服务产品的设计方法研究和设计案例分享，搭建城市出行、文娱、休闲、办公、学习等行为活动的实现场域和配套设施。书中包含作者多年带领设计团队的公共服务产品设计案例，基于创新实践总结了设计思维方法和设计实践流程。系列案例与方法紧随城市公共服务产品设计的本质与核心，即为人们提供具有更高品质和更佳体验的设计服务，秉承"以人为本"的设计理念，注重设计与社会创新、情感价值、绿色观念的对接，将设计成果的考量标准与社会服务成效关联；在此基础上，用公共服务产品设计塑造与提升城市文化形象，打造协同共创式城市未来可持续服务系统。

本书可作为高等院校艺术与设计等交叉学科了解与学习设计理念的教辅材料，也可供广大设计实践者、工作者与爱好者阅读参考。

图书在版编目（CIP）数据

公共服务产品设计创新与实践 / 赵妍著. -- 北京：北京大学出版社，2024.11. -- ISBN 978-7-301-35828-3

Ⅰ. D669.3

中国国家版本馆 CIP 数据核字第 2024WP0014 号

书　　名	公共服务产品设计创新与实践 GONGGONG FUWU CHANPIN SHEJI CHUANGXIN YU SHIJIAN
著作责任者	赵　妍　著
策划编辑	王　军
责任编辑	孙　明　王圆缘
标准书号	ISBN 978-7-301-35828-3
出版发行	北京大学出版社
地　　址	北京市海淀区成府路 205 号　100871
网　　址	http://www.pup.cn　新浪微博：@北京大学出版社
电子邮箱	编辑部 pup6@pup.cn　总编室 zpup@pup.cn
电　　话	邮购部 010-62752015　发行部 010-62750672　编辑部 010-62750667
印 刷 者	北京宏伟双华印刷有限公司
经 销 者	新华书店
	787 毫米 ×1092 毫米　16 开本　12.5 印张　392 千字 2024 年 11 月第 1 版　2024 年 11 月第 1 次印刷
定　　价	128.00 元

未经许可，不得以任何方式复制或抄袭本书之部分或全部内容。

版权所有，侵权必究

举报电话：010-62752024　电子邮箱：fd@pup.cn

图书如有印装质量问题，请与出版部联系，电话：010-62756370